L'APHASIE

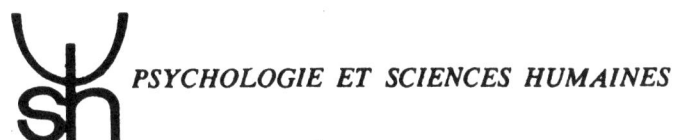

PSYCHOLOGIE ET SCIENCES HUMAINES

Paul Cazayus

*Professeur à l'Université
de Bordeaux II*

l'aphasie
du point de vue du psychologue

DESSART ET MARDAGA, EDITEURS
2, GALERIE DES PRINCES, BRUXELLES

INTRODUCTION

1. Par aphasie il faut entendre l'ensemble des cas de perturbation du langage par exaspération ou par limitation de la fonction. Ces troubles affectent aussi bien la compréhension que l'expression des signes verbaux. Ils sont déterminés par des lésions cérébrales en foyer mais sont indépendants de toute atteinte des organes périphériques d'exécution et de réception. Se trouvent donc exclus du concept d'aphasie les troubles de la parole liés, soit à un mauvais fonctionnement des instruments sensori-moteurs externes (cas de surdi-mutité), soit à des insuffisances d'ordre intellectuel (débilité mentale), soit à des atteintes cérébrales diffuses (cas de démence organique) soit à des troubles proprement psychiques de l'espèce des névroses et des psychoses (mutité hystérique, incontinence maniaque, délire schizophrénique). Le concept d'aphasie ne renvoie pas non plus à une conception a priori sur la nature du langage et de ses rapports avec la sphère mentale. Les diverses interprétations avancées à cet égard entrent dans les tentatives d'explication des troubles observés mais non, à proprement parler, dans leur définition. Il suffit de dire, pour l'instant, que le terme aphasie désigne la catégorie de faits pathologiques qui ont rapport avec l'exercice perturbé du langage. Ces faits peuvent être observés, décrits, classés, analysés dans leurs manifestations — ce qui constitue l'attitude clinique — ils peuvent aussi être déterminés avec une précision satisfaisante quant à leur base cérébrale — ce qui constitue l'inspection anatomique. Au-delà seulement commencent les interprétations et s'ordonnent les doctri-

nes; celles-ci s'inscrivent, pour l'essentiel, dans la sphère de la psychologie ou dans celle de la linguistique.

2. Les cas de perturbation du langage par exaspération présentent à l'observation une assez grande variabilité. En effet, l'exaspération joue au niveau du discours global sous la forme d'une inflation de la parole combinée de plusieurs manières à une distorsion des mots, à une désorganisation de la syntaxe et à des troubles de compréhension et d'intégration. Elle s'étend également à des opérations autres que proprement verbales mais que l'on peut ranger dans la catégorie commune des opérations symboliques ou sémiologiques. Ainsi comprise l'aphasie se montre simultanément sous les espèces du jargon, sorte de discours à flux rapide mais incohérent, et de la confusion, sorte de désordre général des activités mentales. Les cas de perturbation du langage par limitation paraissent plus aisés à circonscrire. Il s'agit de troubles déterminés par l'atteinte de praxies spécialisées. Ces troubles affectent les ressorts de la combinatoire verbale, soit au niveau de l'articulation élémentaire (phonèmes), soit au niveau de la composition des mots et de la phrase. Ils s'accompagnent ordinairement de troubles parallèles dans l'exécution des signes graphiques. En revanche l'ordre des activités mentales n'est point gravement perturbé; les activités psychiques s'y trouvent plus diminuées que désorganisées.

3. Bien que fort brèves les indications précédentes permettent de comprendre combien est nécessaire la phase analytique et descriptive des troubles aphasiques avant que n'interviennent les explications et, éventuellement, les «théories». Tantôt, il s'agit de troubles purs, ou dissociés: tantôt, plus fréquemment de syndromes comportant une constellation de traits. L'analyse peut donc se conduire sur deux lignes: celle de l'ampleur ou de l'étendue, celle de

l'intensité ou de la profondeur. Dans les cas d'exaspération on s'obligera à distinguer, par exemple, les jargons où le trouble dominant est la déformation des mots, les jargons où le trouble dominant est la distorsion de la syntaxe, et les jargons où ces deux troubles s'entrecroisent. Simultanément, on devra juger du degré de sévérité des troubles de réception, depuis les formes de l'incompréhension jusqu'à la forme d'imperception psychique dans laquelle le sujet ne reconnaît même point son propre discours à l'écoute différée. Dans les cas de limitation, on trouvera des atteintes si sévères qu'elles vont jusqu'à l'annulation de toute parole signifiante — le sujet conservant au mieux quelques phonèmes réitérés sans variation, sinon des variations de ton; la limitation équivaut en fait, dans de tels cas, à une désintégration. D'autres atteintes à la fois moins brutales et moins ponctuelles produisent une réduction dans la disponibilité du vocabulaire (ce qui n'implique point nécessairement une perte de la mémoire des mots) ou des difficultés d'ordre syntaxique dans la composition de la phrase, voire d'ordre sériel dans la programmation du discours — c'est-à-dire dans l'enchaînement « suivi» des phrases audelà des contraintes formelles de la syntaxe. A l'intersection des deux lignes de référence on pourra même situer, selon certains auteurs, des troubles conjugués de la limitation (aspect arthrique) et de la confusion (aspect réceptif et intégratif), c'est-à-dire un syndrome dans lequel l'étendue va de pair avec l'intensité. Telle est, par exemple, l'interprétation que Pierre Marie donne de l'aphasie de Broca (aphasie sensorielle compliquée d'anarthrie).

4. Les distinctions précédentes sont de portée clinique, ou, si on les rapporte à leur base cérébrale, d'ordre anatomo-clinique. Elles délimitent deux classes de troubles par référence à des axes du langage qui sont, en simplifiant,

l'axe de l'activité motrice (ou praxique) et l'axe de l'activité réceptive et intégrative (ou gnosique). Dans les troubles affectant l'un de ces axes le sujet reste capable en principe de puiser adéquatement dans le lexique mais il ne parvient pas à la réalisation de la chaîne parlée; dans les troubles affectant l'autre axe le sujet est, à l'inverse, incapable d'effectuer des prélèvements corrects, mais il conserve le pouvoir de réaliser la chaîne parlée — sous des formes, il est vrai, désordonnées. A cette opposition dans un plan horizontal, pour ainsi dire, l'analyse psychologique se propose d'associer des distinctions dans un plan vertical. Cette analyse se conduit, en effet, par référence à la notion d'usage du langage, cet usage pouvant fonctionner à des niveaux fort différents selon les sujets et selon les situations. On peut présumer dès lors que les perturbations introduites par l'aphasie consistent en la décapitation des usages de haut niveau, les usages de niveau inférieur étant relativement conservés ou même exacerbés. L'analyse psychologique rejoindrait ici les constats neurologiques selon lesquels les aspects élaborés, volitionnels, d'une fonction sont toujours plus fragiles, et donc, plus aisément compromis que les aspects élémentaires, automatiques, plus résistants parce que moins individualisés et moins récents dans la phylogenèse comme dans l'ontogenèse.

5. On peut, pour l'essentiel, distinguer un usage du langage où les réactions verbales se produisent en rapport direct, soit avec des états intérieurs vivement ressentis (stress, chocs émotionnels) soit avec des situations concrètes dans lesquelles le comportement du sujet est actuellement engagé. Cet usage fonctionne donc sur le régime du hic et du nunc, ou de l'ici-maintenant.. Les messages produits ont le caractère de signaux limités et stéréotypés et non de signes. Ils se situent éventuellement en-deçà de

l'activité verbale proprement dite: les réactions organiques, les gesticulations, les mimiques entrent dans cette
catégorie; elles constituent des marques informatives —
même non intentionnelles — parfois fort expressives. Sous
son aspect émotionnel l'expression orale se reconnaît à des
caractéristiques telles que les fluctuations de la voix par
variations intempestives de l'intensité, du timbre, du
rythme (altérations de la prosodie), la dominance du ton
exclamatif avec un recours fréquent aux interjections et
aux jurons, l'emploi de termes approximatifs se substituant
aux termes propres, la modification de structures syntaxiques dans le sens d'une réduction à des modèles élémentaires. Certaines de ces particularités se retrouvent dans
l'usage pragmatique où les contraintes exercées par la situation présente et par l'urgence de l'action dispensent le
sujet d'énoncés précis, du point de vue sémantique, et
correctement construits, du point de vue de la syntaxe. Il
est donc clair que les usages émotionnel et situationnel
réduisent au minimum l'élaboration verbale intentionnelle.
Les actes du langage, qu'ils soient réduits ou diffluents,
obéissent à un principe de facilitation maximale. Le discours est ataxique ou exubérant sans ordre. Enumératif et
linéaire ou redondant et circulaire, il n'est point propositionnel.

6. L'autre usage du langage est représenté par toutes
opérations en rapport avec des conduites de représentation, de conceptualisation, d'abstraction, telles que discursives et démonstratives, dialectiques, formelles. Ce langage procède par détours adaptés et prémédités. Dans une
interprétation mentaliste il serait la traduction d'un monde
intérieur tissé de concepts, d'attitudes et d'intentions; dans
une interprétation comportementaliste il est la meilleure
réponse possible aux contraintes du milieu; au regard de la

linguistique il fonctionne adéquatement par l'utilisation pertinente d'un système de signes convenus. Dans les divers cas le type de réaction ainsi déterminé n'est pas automatique (comme un réflexe, comme un cri) mais construit (comme une action, comme une phrase). Aussi, alors que les usages du premier niveau surgissent sur un fond de spontanéité ou d'irritabilité, ceux du second niveau s'élaborent dans le répertoire de l'initiative. Du mot à la phrase, de la phrase au discours, l'initiative se réalise en marques ordonnées assumées par le sujet selon certaines règles, soit que ces règles se trouvent, d'avance, définies dans le contexte de la langue (grammaticalité) soit que le sujet les assume lui-même implicitement par le progrès même de sa démarche (organisation « libre » du discours). Ce langage porte donc la double empreinte de l'intention volontaire et de l'organisation propositionnelle.

7. A bien des égards l'analyse psychologique du comportement verbal des sujets aphasiques peut s'appuyer sur de telles distinctions. D'une part, tout ce qui ressortit à l'ordre de l'initiative est réduit ou décapité; d'autre part, tout ce qui ressortit à l'ordre de l'automatisme est accentué ou exaspéré. Les maladies du système nerveux en général, et l'aphasie en particulier, exhibent deux sortes de symptômes : négatifs par limitation ou annulation des aspects supérieurs d'une fonction, positifs par inflation des aspects inférieurs qui se trouvent, pour ainsi dire, libérés de tout contrôle des instances supérieures. Selon la nature des atteintes au niveau des instrumentalités cérébrales on trouvera des cas de décapitation soit à dominante motrice soit à dominante gnosique, ces cas s'accompagnant de formes diverses de libération telles que les émissions occasionnelles arbitraires ou les distorsions et accélérations d'un discours aussi incompréhensible qu'abondant. Ces observa-

tions résument pour l'essentiel les vues du neurologue anglais Jackson; elles trouvent aussi des prolongements dans l'analyse des aspects dynamiques du langage, c'est-à-dire dans l'étude des attitudes et fonctions qui président à l'enclenchement de la parole.

8. Dans l'état actuel des connaissances l'étude des troubles aphasiques est placée au carrefour de plusieurs disciplines d'observation et de recherche. Dans une perspective historique, et pour ramener ces démarches à l'essentiel on peut distinguer trois principales orientations: la description anatomo-clinique, l'analyse psychologique, l'évaluation linguistique. L'anatomo-clinique est, évidemment moins une doctrine qu'une méthode et un état d'esprit (encore que certains de ceux qui l'ont pratiquée et affinée dans le dernier tiers du XIXᵉ siècle aient souvent superposé (ou substitué) à leurs observations des interprétations doctrinales poussées à l'excès). Cette méthode consiste à confronter les faits anatomiques et pathologiques, c'est-à-dire en l'occurrence l'étude du cortex cérébral et des lésions en foyer qui l'affectent, aux faits cliniques, c'est-à-dire à des observations du plus grand nombre de sujets présentant les troubles du langage les plus variés. Cette méthode est fondamentale. C'est sa pratique, soutenue depuis plus d'un siècle, qui a permis les descriptions, nomenclatures, classifications les plus précises. Naturellement, elle est surtout le fait de la science médicale. Les plus grands des aphasiologues ont été d'abord des médecins spécialisés dans l'étude du fonctionnement cérébral.

9. L'analyse psychologique s'appuie nécessairement sur les données de l'anatomo-clinique, mais elle s'en éloigne sur un point essentiel. Quittant l'ordre du cérébral elle s'oriente vers l'ordre du mental; elle tente donc de résoudre le difficile problème des rapports du langage et de la pensée.

Pour ce faire, et à moins de s'en tenir aux tendances réflexologistes et behavioristes (qui se sont exposées à de fort sévères critiques de la part des linguistes — contestables, il est vrai, sous divers aspects) les psychologues ont longtemps recouru à l'analyse d'un univers intérieur sorte de système englobant des « facultés » ou des fonctions, des attitudes et des intentions, tous éléments jugés nécessaires à la réalisation effective du stade verbal. Cette démarche n'est pas récente; elle se trouve déjà chez des auteurs de la première partie du XIXe siècle, d'ailleurs médecins, qui, comme Bouillaud et, surtout, Lordat, ont aperçu dans l'activité linguistique l'implication d'un cycle mental commençant bien avant la production du signe et de la proposition. Il est clair que l'analyse psychologique ne peut, par définition, s'en tenir à des faits médicaux uniquement ou à des faits linguistiques uniquement. Elle traite d'un ordre de faits que l'on peut appeler symboliques en ce sens que le lien de la pensée au langage s'exprime à l'aide de signes posés arbitrairement, et que cet arbitraire du signe n'est possible que parce que la pensée est capable de construire des catégories et de se livrer à des activités cognitives dont le langage est, à la fois, le reflet et l'instrument. Lorsqu'un médecin comme Pierre Marie proclama que le symptôme le plus caractéristique de l'aphasie était la « diminution intellectuelle » il s'exprimait, quoi qu'il en eût dit, bien davantage en psychologue qu'en médecin. Dans l'histoire de l'aphasie, l'opposition qui se manifesta bien souvent entre noéticiens (partisans de l'altération mentale) et antinoéticiens (partisans d'un trouble limité au seul langage) est fort significative de l'interrogation sous-jacente et toujours renaissante que chacun se pose sur les rapports de la pensée et de la parole.

    10. L'approche de l'aphasie grâce à « l'aide conductrice

et vigilante de la linguistique» (pour reprendre une formule de Jakobson) est, de beaucoup, la plus récente. Expression d'une mode, peut-être, comme il en apparaît périodiquement dans les sciences humaines, mais signe d'un enrichissement aussi, car il n'est pas douteux que les progrès considérables accomplis par la linguistique contemporaine ont contribué, non seulement à une nouvelle lecture mais aussi à de réels approfondissements dans la caractérisation des troubles aphasiques. Dans la perspective de la linguistique le langage n'est plus approché comme l'expression particulière d'un sujet qui aurait un type de comportement personnel appelé conduite ou comportement verbal; le langage est approché comme un système ayant ses composantes, ses règles et ses lois, indépendamment de ses utilisateurs. Les productions linguistiques sont analysables à plusieurs niveaux, soit comme productions acoustiques fournies par tels organes ou instruments oro-laryngés (phonétique), soit comme des productions objectivement identifiables à certains traits distinctifs ou pertinents (phonologie), soit comme productions ayant du sens pour tout récepteur préparé (sémantique), soit comme productions ayant une structure obligée (grammaire et syntaxe). La détermination des troubles aphasiques peut être conduite à ces divers niveaux; elle consiste donc à définir d'une façon entièrement objective (au besoin grâce à l'aide d'instruments de mesure et de transcriptions diverses — pour la phonétique et la phonologie) les caractéristiques d'un trouble par confrontation avec le langage normal. Au-delà de ces investigations la linguistique s'efforce de répondre à des questions plus fondamentales qui rejoignent, en fait, les préoccupations des psychologues: par exemple, si l'altération des capacités verbales est évidente doit-on conclure aussi que l'aphasie est la perte de la langue comme sens, la ruine d'une compétence qui paraît être une caractéristique proprement humaine ? On ne s'étonnera donc point que, en dépit de préoccupations et de références originellement fort éloignées, psychologie et linguistique se soient rapidement rapprochées et ajustées, ce dont témoigne le développement récent d'une discipline nouvelle : la psycho-linguistique.

Le présent ouvrage comporte deux Parties. Dans la première sont présentées des données informatives et descriptives classées sous trois rubriques : historique, anatomique, clinique. Chacune de ces rubriques correspond à un chapitre. Dans la deuxième Partie sont regroupées les diverses démarches interprétatives proposées soit dans un sens psychologisant — et dans ce sens on a suivi autant que possible l'ordre d'apparition historique des différentes doctrines, cet ordre étant, en même temps, un ordre progressif d'approfondissement — soit dans le sens de la linguistique et de la psycho-linguistique, les informations et analyses à ce sujet étant regroupées dans le dernier chapitre. La conclusion apporte quelques données complémentaires et propose un essai de bilan interprétatif.

Le titre de l'ouvrage — *L'aphasie du point de vue du psychologue* — est justifié sans doute par les développements plus importants réservés aux aspects analytiques et doctrinaux qui relèvent du domaine de la psychologie, mais le lecteur verra aussi que d'autres aspects n'ont pas été négligés pour autant.

PREMIERE PARTIE

LES FAITS

Données historiques, anatomiques et cliniques

I. DONNEES HISTORIQUES
ET APERÇUS DOCTRINAUX

1. Bien que diverses observations sur les troubles du langage aient été publiées antérieurement (par exemple par Gesner en 1770) on peut dire que l'histoire véritable de l'aphasie commence dans les débuts du XIX⁰ siècle. Quel que soit le caractère quelque peu chimérique de sa doctrine connue sous le nom de phrénologie, Gall a eu le mérite, dès 1810, de désigner le cerveau comme l'organe d'actualisation des facultés psychiques, et surtout comme un organe hiérarchisé dont l'architecture conditionnerait diverses fonctions disposées, pour ainsi dire, en étages, des plus élémentaires aux plus élaborées. C'est en suivant cette direction de pensée, appuyée sur l'observation de quelques cas pathologiques, que Gall a ébauché la première conception localisatrice du langage. Cette faculté aurait pour siège la partie antérieure des hémisphères cérébraux. Gall aperçut même dans un cas particulier, mais sans en tirer une conclusion par induction, qu'une lésion ayant produit une extinction complète de « la mémoire des mots » résidait « dans la partie interne postérieure du lobe frontal *gauche* ». La théorie générale de cet auteur et de son collaborateur Spurzheim, théorie consistant en une systématisation topographique des « facultés de l'homme » et se prolongeant en une « crânioscopie » puérile, est certes entièrement périmée aujourd'hui, de même qu'elle fut violemment contestée à l'époque, mais il n'en reste pas moins que, sous l'aspect anatomo-clinique, les vues de Gall à propos de la

possibilité de localiser les instrumentalités du langage, étaient pertinentes. Broca lui rendit d'ailleurs hommage lorsqu'il écrivit en 1861 : « Gall eut l'incontestable mérite de proclamer le grand principe des localisations cérébrales qui a été, on peut le dire, le point de départ de toutes les découvertes de notre siècle sur la physiologie de l'encéphale ».

2. Après Gall quelques observations furent publiées qui signalaient à leur tour la coïncidence des troubles du langage avec des lésions frontales. Ces observations furent reprises et systématisées par Bouillaud qui publia en 1825 un mémoire dans lequel il s'efforçait de démontrer que « la perte de la parole correspond à la lésion des lobules antérieurs du cerveau ». Ce mémoire, inspiré de la méthode anatomo-clinique, s'appuyait sur de nombreux cas d'observation. Il mettait en évidence, d'une part, le fait que des atteintes des lobules antérieurs provoquaient l'altération ou la perte de l'élocution, d'autre part, le fait que des atteintes d'autres parties du cerveau ne semblaient point entraîner de tels troubles. Mais Bouillaud ignorait le rôle particulier de l'hémisphère gauche relativement au langage et les faits d'observation négative qu'il rapporte (lésions non suivies de troubles) ou bien sont imprécis, ou bien, pour la plupart, concernent des lésions de l'hémisphère droit. De ce fait, les conclusions négatives qu'il tire de telles observations ne sont nullement probantes quant au rôle que pourraient jouer pour le langage des zones autres que frontales ; car, ainsi qu'il fut établi par la suite, ces zones ne sont ordinairement fonctionnelles que dans l'hémisphère gauche. Le mode de raisonnement de Bouillaud comporte d'ailleurs incontestablement une pétition de principe ; il écrit : « Lorsque parmi les symptômes je rencontrais la perte de la parole, j'en concluais que, à l'article des altéra-

tions anatomiques je constaterais une maladie des lobules antérieurs; lorsque, au contraire, dans la description des lésions organiques, il s'agissait d'une désorganisation des lobules antérieurs, je me disais que, en consultant les symptômes, je constaterais la perte de la parole». Il est évident que ce raisonnement «circulaire» réduit l'aphasie à un type déterminé (prédominance d'anarthrie) et à un siège déterminé (lobe frontal).

3.   Pourtant, cet auteur était sur la voie d'une meilleure interprétation puisque, à l'intérieur du trouble caractérisé par la perte du langage il faisait une distinction entre «la faculté de créer des mots comme signes de nos idées et d'en conserver le souvenir, et celle d'articuler ces mêmes mots»; «la perte de la parole, ajoute-t-il, dépend tantôt de celle de la mémoire des mots, et tantôt de celle des mouvements musculaires dont la parole se compose». Bouillaud apercevait donc déjà la dichotomie des troubles du langage devenue classique par la suite. Mais, en raison de son attachement doctrinal à la conception de Gall, et faute d'observations anatomiques suffisamment précises et exemptes de tout préjugé, il ne parvint pas à traduire cette dichotomie adéquatement sur le plan anatomique (il se contenta de faire l'hypothèse que l'un des troubles serait imputable à la substance grise, et l'autre à la substance blanche des lobules antérieurs). Dans les polémiques qui l'opposèrent ultérieurement à plusieurs détracteurs il resta convaincu que «l'organe législateur de la parole» se trouve dans le lobe frontal mais avec cette nouvelle précision que : «la face inférieure et l'extrémité antérieure des lobes antérieurs... paraissent être spécialement le siège de cette admirable faculté». On doit voir ici la première tentative de localisation, non plus par les lobes mais par circonvolutions, ce qui devait être la contribution propre de Broca.

4. Si Gall et Bouillaud sont les précurseurs de la tendance anatomiste qui devait s'imposer quelques dizaines d'années plus tard, on ne doit pas ignorer l'apport personnel original d'un médecin de la Faculté de Montpellier, Lordat. Le mérite de ce dernier est d'avoir tenté par la voie introspective (à la suite d'une atteinte transitoire d'aphasie) une analyse du mécanisme et des opérations du langage. Cette analyse (1843) s'étend à tout le cycle d'élaboration psycho-motrice de la pensée à l'articulation verbale. Elle a une résonance très moderne en ce sens que le langage y est appréhendé non point en termes de structure et de contenus, mais sous son aspect dynamique, comme processus liant de proche en proche l'intention de la pensée ou l'attitude mentale préverbale à « la corporification des idées en sons et à l'exécution de ces sons par des mouvements synergiques imprimés aux organes vocaux ». D'une extrémité à l'autre de la chaîne pensée-langage on peut ainsi distinguer plusieurs étapes, et il est particulièrement important de remarquer que le langage peut être atteint en chacune de ces étapes. Ceci revient à dire, en reprenant la distinction déjà faite par Bouillaud entre un langage intérieur (d'idées) et un langage extérieur (d'élocution) que le langage commence mentalement bien avant le stade expressif ou qu'il ne peut y avoir de langage exprimé sans une intention qui le précède et l'organise et sans une mémoire disponible pour l'alimenter. Aussi, de même qu'il parle, à propos de l'aphasie (nommée par lui « alalie ») d'un « principe des *mouvements intentionnels* commandés par l'intelligence » l'auteur réserve une place importante à des formes qu'il nomme Amnésie verbale et Paramnésie (paraphasie, en termes modernes). Les observations de Lordat eurent moins d'échos dans l'immédiat que celles d'autres précurseurs préoccupés de délimitations anatomiques, mais il est certain qu'elles préfiguraient un mouvement de pensée qui

n'a cessé de se développer vers une neuro-psychologie et une neuro-linguistique.

2. LE MOMENT DES DECOUVERTES; LE COURANT ANATOMISTE; VERS L'ASSOCIATIONNISME

5. En février 1861, lors d'une réunion de la Société d'Anthropologie une discussion eut lieu sur le rapport existant entre le développement de l'encéphale et le développement de l'intelligence. Deux thèses s'affrontèrent, l'une selon laquelle l'intelligence est liée à la forme du cerveau, mais indépendante de son volume et de son poids, l'autre selon laquelle le développement intellectuel est lié au volume du cerveau, sinon dans sa totalité, au moins dans sa partie antérieure. Cette dernière thèse fut soutenue, en particulier, par Broca; celui-ci s'exprimant fort nettement déclara que: « les facultés supérieures de l'entendement considérées dans la série humaine croissent et décroissent avec les lobes antérieurs du cerveau et il me paraît difficile de n'en pas conclure que les plus hautes facultés ont leur siège dans les circonvolutions frontales ». Broca s'engageait donc, dès ce moment, en faveur du principe des localisations. Deux mois plus tard il présenta à la Société d'Anthropologie une communication sur le cas du malade surnommé Tan. Ce malade, âgé de cinquante et un ans au moment de sa mort, venait d'être autopsié par Broca. Admis à l'hospice de Bicètre vingt et un ans plus tôt, il avait perdu dès avant le début de son internement l'usage complet de la parole (à l'exception du monosyllabe Tan).

6. Les observations de Broca peuvent se résumer ainsi (d'après sa communication d'avril 1861 et sa publication d'août 1861) : du point de vue clinique « l'intelligence de cet homme avait subi une atteinte profonde, soit sous l'influence de son affection cérébrale, soit sous l'influence de la fièvre qui le dévorait; mais il était évidemment bien plus intelligent qu'il ne faut l'être pour parler » ; du point de vue anatomique « l'examen de la cavité laissée par la perte de substance montre tout d'abord que le centre du foyer correspond au lobe frontal » mais « si l'on cherchait à préciser davantage on remarquerait que la troisième circonvolution frontale (gauche) est celle qui présente la perte de substance la plus étendue... Selon toute probabilité c'est dans la troisième circonvolution frontale que le mal a débuté ».

Bien que Broca se montrât fort prudent dans ses assertions, l'observation d'un autre malade publiée la même année le renforça dans son hypothèse, et plus encore huit autres cas dont il publia la description en 1863 sous le titre significatif : *« Localisation des fonctions cérébrales. Siège du langage articulé »*. Chez ces huit sujets la lésion cérébrale — accompagnée chaque fois de la perte du langage — se situait dans le tiers postérieur de la troisième circonvolution frontale et « chose bien remarquable, ajoutait Broca, chez tous ces malades, la lésion existait du côté gauche ». On pouvait donc, sous réserve de confirmations expérimentales, sorte de contre-épreuve portant sur les lésions frontales de l'hémisphère droit, présumer l'existence d'une « étrange prédilection des lésions de l'aphémie pour l'hémisphère gauche ».

7. Cette contre-épreuve fut précisément réalisée la même année grâce à l'observation d'un autre médecin, Parrot. Celui-ci ayant eu à autopsier une jeune femme de 24 ans, atteinte d'une hémiplégie gauche, mais dont l'intelli-

gence était normale et qui n'avait jamais présenté aucun trouble de la parole, constata une lésion importante du lobe frontal de l'hémisphère droit, en particulier une atrophie de la 2ᵉ frontale et la destruction quasi-complète de la 3ᵉ. Ainsi était établie a contrario la dominance pour le langage de la partie frontale du seul hémisphère gauche. Mais, de plus, dans le même temps, la question de l'aphémie étant à la mode, le docteur Gustave Dax soumit à l'Académie de Médecine un mémoire « tendant à prouver la coïncidence du dérangement de la parole avec une lésion de l'hémisphère gauche du cerveau ». Ce mémoire s'inspirait directement d'une communication faite en juillet 1836 au Congrès de Montpellier par le père de l'auteur, Marc Dax. Celui-ci avait réuni plus de cent quarante cas où la lésion ayant déterminé la perte de la parole siégeait exclusivement dans l'hémisphère gauche. Il en concluait que c'est dans cet hémisphère qu'il « faut chercher la cause du désordre lorsque la mémoire verbale est altérée par une maladie du cerveau ». Ainsi, en 1865 (date à laquelle fut finalement publié le mémoire de M. Dax) et quelles qu'aient été les polémiques sur la paternité de ces découvertes, deux faits paraissaient solidement établis : dominance de l'hémisphère gauche pour les opérations du langage (Dax) et localisation de cette dominance dans le tiers postérieur de la 3ᵉ circonvolution frontale (Broca).

8.   Cependant d'autres observations de cas publiées à la même époque, si elles confirmaient sauf quelques exceptions le rôle privilégié de l'hémisphère gauche, réclamaient en revanche que fût assouplie, sinon révisée, l'hypothèse de Broca. Charcot signalait, par exemple, un cas de perte de la parole tout à fait analogue à celui de Tan, mais avec ramollissement de la scissure de Sylvius et destruction d'une partie du lobe temporal, et sans atteinte aucune des

circonvolutions frontales. De même, dans une récapitulation de 32 cas effectuée par Trousseau, celui-ci trouvait 14 cas conformes, mais 18 en désaccord avec le point de vue de Broca. On constatait de plus que la symptomatologie des troubles de la parole était plus diverse qu'on ne l'avait envisagé initialement. A côté du syndrome caractérisé par la perte de la parole il fallait faire place à des symptômes tels qu'une verbalisation incontrôlée ou une syntaxe désorganisée (Trousseau en donne plusieurs exemples dès 1864). Dès lors on pouvait supposer que ces déficiences étaient liées à des atteintes autres que de nature motrice de sorte que, d'une part, du point de vue anatomique, les sièges lésionnels devraient être différemment localisés, et d'autre part, du point de vue clinique et interprétatif, le langage devrait être compris en tant que processus d'ordre sensoriel et perceptif. C'est précisément cette thèse qui fut soutenue dès 1869 par le médecin anglais Bastian. Selon cet auteur qui s'inscrit nettement dans les perspectives de l'associationnisme, les troubles du langage doivent s'analyser en termes de déficits particularisés correspondant aux divers aspects de la communication par signes (orale, écrite, lue, entendue, comprise, etc.); en outre, le centre initiateur de la verbalisation n'est point un centre moteur ou kinesthésique, mais un centre auditif. Les mots par lesquels la pensée s'exprime sont primitivement des souvenirs sonores. Par conséquent, la prospection anatomique devrait déceler sur le territoire cérébral, des centres sensoriels et kinesthésiques différenciés, et tout particulièrement un centre auditif.

9.   A peine Bastian venait-il de faire connaître son interprétation que deux physiologistes, Fristch et Hitzig, apportèrent la preuve expérimentale (1870) de l'existence de localisations cérébrales. Leurs expériences pratiquées sur des animaux consistaient en l'exploration de l'écorce céré-

brale à l'aide de stimulations électriques. Elles fournirent les indications suivantes : chez le chien, une partie de l'écorce cérébrale (antérieure) est motrice; lorsque l'on excite cette partie on provoque des contractions musculaires dans la moitié opposée du corps; lorsque l'excitation porte sur des points cérébraux très localisés ce sont de mêmes groupes musculaires qui réagissent électivement. D'autre part, l'extirpation d'une partie de la substance blanche en un point déterminé entraîne des troubles moteurs identiques. La motilité n'est pas abolie mais les mouvements sont incoordonnés et inadaptés. Il ne s'agit donc point d'une paralysie musculaire mais d'une altération du mouvement en tant qu'intentionnel. D'autres chercheurs prouvèrent ensuite que l'ablation d'une partie des lobes occipitaux correspondant aux mouvements de la tête et des yeux provoquait, non point l'abolition des mouvements, mais un phénomène de cécité psychique : le chien n'était pas aveugle, il savait contourner des obstacles, mais il ne réagissait intentionnellement à aucun objet perçu; il voyait son maître, mais sans le reconnaître. En d'autres termes, la forme supérieure, apprise, volontaire, de la fonction était abolie, mais la forme inférieure, automatique était conservée. La signification de cette induction ne fut d'ailleurs pas aperçue immédiatement (encore que Baillarger en eût énoncé le principe dès 1863, à propos du langage, et que ce principe servît également de pierre de touche dans les années suivantes, à la remarquable spéculation du médecin anglais Jackson).

10.   Cependant, si l'on transposait les données expérimentales ainsi recueillies à la question du langage, on devait admettre que plusieurs centres collaboraient à l'élaboration de l'activité verbale et que, par conséquent, la destruction de tel ou tel d'entre eux entraînerait un déficit de nature

correspondante. Mais aussi, en ne retenant comme fondements du langage que les processus sensoriels et moteurs,
on s'engageait à exclure de la conception de l'aphasie toute
interprétation faisant appel à des processus d'autre nature
(intelligence, activité mentale, attitudes et intentions, etc.).
Cela n'était pas formellement impliqué dans les éléments
objectifs de l'observation, mais la tendance à convertir les
centres corticaux d'expression et de réception en centre
d'images, c'est-à-dire de passer du fait à la théorie, s'accordait directement à l'idéologie associationniste alors dominante. La meilleure illustration de cette tendance se
trouve dans la première interprétation de l'aphasie de l'allemand Wernicke. Selon cet auteur, pensée et langage sont
deux processus originellement indépendants. Le moment
essentiel (constitutif) du langage n'est point le moment
conceptuel. Considéré sous son aspect fonctionnel l'exercice du langage réside en l'enclenchement du mécanisme
cérébral qui met en rapport les images auditives des mots et
leur reproduction motrice verbale. Il n'est pas douteux,
certes, que langage et pensée sont en état de dépendance
mutuelle à leur niveau le plus élaboré, c'est-à-dire celui du
langage abstrait et de la pensée symbolique, mais il n'en
reste pas moins que leurs éléments primaires sont d'espèce
différente. L'apprentissage de la langue ne consiste pas en
une inflexion de la pensée en mots — comme si une pensée
déjà constituée en son principe cherchait à s'accomplir en
signaux convenus; cet apprentissage consiste, ainsi que le
montre l'observation du jeune enfant, en des démarches
d'imitation auditive et kinesthésique sans intention conceptuelle préverbale.

11. En conséquence, la considération des déficits de
nature symbolique ne saurait entrer dans la définition des
syndromes aphasiques. En aucun cas l'aphasie n'est impu-

table à un trouble de l'intelligence ou de toute autre fonction psychique supérieure. « Rien de pire, écrit Wernicke, ne pourrait arriver à l'étude de l'aphasie que de considérer les troubles de l'intelligence qui se présentent ici comme appartenant nécessairement au tableau de la maladie ». La confusion à cet égard provient évidemment du fait que certains troubles de la formulation (paraphasie, jargonophasie, agrammatisme) donnent le sentiment que le sujet est incapable de maîtriser sa pensée et qu'il est donc atteint dans les opérations de son intelligence, alors qu'en réalité son incompréhension et son absence de maîtrise sont dues à la perte de telle ou telle catégorie d'images. Il suffit de localiser les divers centres cérébraux et les voies qui les unissent pour déterminer du même coup, sous forme de schéma, la distribution des centres d'images, leurs correspondances, et, par conséquent, en cas de lésions, toute la symptomatologie résultante. Sur le plan anatomique, compte tenu à la fois des observations de Broca et d'autres observations qui infirment l'hypothèse d'une localisation unique, on doit considérer que, si la région frontale (de représentation motrice) est dans sa partie inférieure et postérieure en rapport avec le langage comme processus d'articulation, de même, la région temporale (de représentation sensorielle), principalement en bordure de la scissure sylvienne et, plus en arrière, vers le pli courbe, est en rapport avec le langage, en particulier comme processus de réception des sons et d'audition verbale. Ainsi se trouvent définies les formes-types d'aphasie et aussi, éventuellement, des variétés de ces formes-types. Wernicke, lui-même, reprenant vers 1885, sa première conception de 1874, propose une classification comportant sept formes différentes. Les critères de cette classification étaient, outre la distinction entre les aspects moteur et sensoriel, la distinction entre des niveaux ou étages de l'écorce cérébrale : cortical, sous-cortical, transcortical — une mention particulière étant réservée à l'aphasie de conduction.

12. Avec Bastian et Wernicke s'ouvrait donc une période où l'interprétation dominante serait celle de l'organisation cérébrale comme système composé de plusieurs centres ayant des fonctions et des contenus déterminés. En réplique l'organisation du langage serait celle de relais d'images réciproquement liés. La destruction de tel ou tel centre entraînerait la perte de tel ou tel ordre d'images; la destruction des fibres de communication entraînerait un trouble du langage en empêchant l'évocation des images les unes par les autres (aphasie de conduction). Il n'est point surprenant dès lors que l'aphasie ait été démembrée en une variété toujours croissante de déficits partiels et que, partant de l'observation clinique ou, plus souvent, postulant les résultats de cette observation, on en soit venu à définir des formes dissociées ou pures auxquelles on s'efforcerait de faire correspondre des localisations ponctuelles de traces mnémoniques d'images telles qu'auditives, visuelles, motrices ou graphiques. C'est dans cet esprit que plusieurs auteurs poussant leurs systématisations à l'excès allaient proposer des classifications de plus en plus complexes. Cette tendance se trouve chez Kussmaul (1876), encore que ce dernier se refuse à séparer radicalement, comme le fait Wernicke, les troubles de la parole et ceux de la fonction symbolique; chez Litcheim (1884) dont la démarche est significative d'un état d'esprit doctrinal puisque sa classification des localisations de l'aphasie est établie par déduction; chez Charcot (1883) dont la classification (imagée par le « schéma de la cloche ») intègre sept centres différents dont un centre d'idéation; chez Grasset qui, prolongeant les spéculations antérieures et substituant au schéma de la cloche un schéma polygonal — chaque sommet du poly-

gone représente un centre d'images et se trouve relié à tous les autres — ne distinguait pas moins de dix-huit formes différentes d'aphasie.

13. On conçoit que ces curieuses cartographies cérébrales pouvaient être théoriquement sans limites, mais aussi que de telles démarches entraînaient, à coup sûr, le passage de l'observation à la spéculation. Il fallut attendre la fin du siècle pour que Déjerine, plus soucieux de la réalité clinique, tout en restant dans la ligne doctrinale de ses devanciers, proposât une simplification sévère des schémas à la mode. Déjerine distingue pour l'essentiel une aphasie d'expression et une aphasie de compréhension, et aussi une forme mixte par combinaison des deux précédentes : l'aphasie totale. En même temps il eut le mérite de délimiter clairement une zone du langage et de marquer que toute atteinte de cette zone provoquait, non pas un trouble pur dissocié, mais une altération du langage dans ses diverses modalités. Il faut remarquer qu'en dépit des divergences doctrinales ce thème se retrouve dans la conception du quadrilatère du langage de P. Marie et, plus récemment, dans la conception du système centrencéphalique de Penfield et Roberts, ces derniers intégrant dans ce système anatomique des structures diencéphaliques, mésencéphaliques et rhombencéphaliques. Il reste que la classification de Déjerine, comme la plupart de celles qui l'avaient précédée, s'inscrivait dans la même sphère d'interprétation, c'est-à-dire prenait pour modèle de référence la conception associationniste de l'esprit combinée à la conception anatomiste qui faisait du langage un système statique de traces déposées dans l'écorce cérébrale. « Fonction corticale le langage se réduisait à des combinaisons d'images verbales, auditives, visuelles, articulatoires et graphiques dont le réveil se ferait au niveau des centres sensoriels et kinesthé-

siques correspondants et dont l'évocation réciproque serait assurée par des fibres de communication reliant les centres entre eux» (Ombredane).

3. LES SUPPORTS DOCTRINAUX

14. L'associationnisme comme système philosophique a une longue histoire dont les origines remontent à la pensée antique. Platon et Aristote à propos des mécanismes de la réminiscence, les Stoïciens à propos de la formation des idées générales, les Epicuriens à propos du passage de la sensation à la représentation ont énoncé le principe général de l'association des idées à savoir que toutes les opérations de l'esprit s'enchaînent et s'appellent mutuellement selon des lois. Aristote a même été le premier à définir ces lois fondées sur les rapports de ressemblance, de contraste, de contiguïté entre les idées. Néanmoins, c'est à partir des xviie et xviiie siècles que l'associationnisme a trouvé le corps doctrinal qui lui donnerait des assises solides. Ce système résulte de la convergence de l'empirisme anglais de Hobbes, Locke et Hume, du matérialisme français du xviie siècle (D'Holbach, La Mettrie, Helvétius) et du sensualisme de Condillac. Pour ces divers auteurs le fondement de la connaissance est l'expérience; la pensée se déduit du jeu des forces organiques au lieu d'être rapportée à une âme contemplatrice d'idées innées, d'archétypes ou de vérités éternelles. L'ordre des pensées est déterminé par l'ordre des mouvements qui se produisent dans l'organisme, dans le système nerveux, dans le cerveau sous l'influence de stimulations extérieures. «Toutes les fois, écrit Hobbes, que reparaît et domine une pensée antérieurement acquise, elle est suivie

de la pensée qui l'accompagnait, en vertu de la cohésion de la matière mise en mouvement, comme l'eau sur une surface plane et polie suit la route que le doigt lui trace». En conséquence, le programme de la psychologie tel que le définit Hume sera de pouvoir connaître les diverses opérations de l'esprit, de les débrouiller, de les classer et de faire ainsi une sorte de *géographie mentale*.

15. Ce programme a trouvé son accomplissement au XIXᵉ siècle dans l'œuvre de John Stuart Mill qui fait de l'associationnisme, non plus une simple doctrine, mais un véritable système philosophique en affinité avec les développements du matérialisme mécaniste et avec le positivisme d'Auguste Comte. La nouvelle conception du psychisme est celle d'une combinaison d'éléments dont les ajustements se font selon les mêmes principes qui régissent la matière dans les rapports de type physico-chimiques. Aussi, pour caractériser le fonctionnement de l'esprit vient-on à parler de «chimie mentale». En France, la psychologie associationniste, telle qu'elle est exposée dans la deuxième moitié du XIXᵉ siècle par H. Taine (*De l'Intelligence*) prend pour thème directeur l'affirmation que la pensée se réduit à des combinaisons d'images, les images étant elles-mêmes les traces affaiblies de la sensation. «Une image mentale, dit Taine, est une sensation renaissante... les idées générales elles-mêmes sont des images mentales». Et, comme tout objet perçu est un mixte de sensations ou d'images de divers ordres, la réapparition d'une sensation doit éveiller dans l'esprit non seulement l'image qui répond directement à cette sensation, mais aussi les images des autres ordres qui lui ont été associées dans des expériences antérieures. «Les images s'associent et s'évoquent entre elles, selon leur tendance plus ou moins grande à renaître à la faveur

d'expériences répétées... Elles forment des groupes...
Ces groupes constituent selon l'espèce et le degré de leur
affinité ou de leur antagonisme, des perceptions extérieures, des souvenirs, des conceptions simples, des actes de
conscience. Les signes qui les résument et les remplacent
forment des idées générales ». Ces propositions indiquent
clairement que chaque phénomène se réduit à la série de
ses apparitions et que l'activité mentale consiste en le
seul enregistrement de ces séries et de leurs combinaisons. « L'esprit, dit encore Taine, est un polypier d'images mutuellement dépendantes ».

16. Les tendances doctrinales ainsi manifestées se
trouvent encore renforcées par la position de l'école associationniste à l'égard du problème du langage. En effet,
puisque la sphère mentale ne comporte ni principes ra-
tionnels a priori, ni idées innées, puisque l'esprit est une
table rase que vient seulement informer l'expérience,
l'instrument par lequel la pensée et la connaissance se
développent comme système d'idées générales ne peut
être que le langage. Il est significatif que des auteurs, par
ailleurs aussi différents que Locke, Berkeley ou Condillac se rencontrent sur ce point. « J'ai trouvé, dit Locke,
qu'il y a une si étroite liaison entre les idées et les mots et
un rapport si constant entre les idées abstraites et les
termes généraux, qu'il est impossible de parler clairement
et distinctement de notre connaissance qui consiste toute
en propositions, sans examiner auparavant la nature,
l'usage et la signification du langage ». Et Condillac, subordonnant de même la pensée au langage, ce qui le
conduit à sa théorie du raisonnement comme « langue
bien faite » écrit : « Si nous n'avions point de dénomination, nous n'aurions pas d'idées abstraites; si nous
n'avions pas d'idées abstraites nous n'aurions ni genres,

ni espèces, et, si nous n'avions ni genres ni espèces, nous ne pourrions raisonner sur rien». Ainsi les mots sont les moyens de la pensée, et pas plus qu'il ne peut y avoir de pensée sans image, il ne peut y avoir de pensée sans mot. Mais les mots, en même temps qu'ils sont « les signes de conceptions intérieures» (Locke) sont aussi, en eux-mêmes, des images telles que verbales, auditives, visuelles, etc. S'il y a coalescence du système mental et du système cérébral, en général, a fortiori cette coalescence s'applique aux opérations du langage. Il est remarquable, du point de vue historique, que la doctrine association-niste ait atteint sa plénitude dans une période où, précisément, les découvertes de la physiologie expérimentale suggéraient l'existence d'une organisation corticale en tous points comparable à celle d'un polypier de centres récepteurs et effecteurs en interaction.

Dès lors associationnisme et « anatomisme» se renfor-çaient mutuellement; il allait de soi qu'à la «géographie mentale» de Hume on s'efforçât de faire correspondre une cartographie cérébrale. Cette thèse portée au rang d'une idéologie domine incontestablement le dernier tiers du xixᵉ siècle. Elle est au fondement de la plupart des interprétations et des schémas de l'aphasie.

17.   La doctrine associationniste ne fut vraiment mise en question, sur le plan philosophique, que par la critique de Bergson (*Matière et Mémoire*) dans les dernières années du siècle, ainsi qu'un peu plus tard, sur le plan psychologique, par les observations de Binet et de l'Ecole de Würzbourg sur la pensée sans images et sur les attitudes mentales, et enfin, relativement au problème des troubles du langage, par P. Marie lorsque celui-ci à partir de 1906 entreprit sa révision de la question de l'aphasie. On ne doit pas mécon-

naître cependant que, à partir de 1865, sous des influences aussi différentes que celles de Trousseau, de Finkelburg et de Jackson, d'autres tendances interprétatives s'étaient manifestées qui se détachaient du schéma associationniste. Trousseau insista sur les troubles de la mémoire et de l'intelligence dans l'aphasie, Finkelburg interpréta l'aphasie en termes d'asymbolie, Baillarger mit l'accent sur les déficiences de la volonté et Jackson, à la suite, opéra une distinction décisive entre les aspects automatiques et les aspects volitionnels du langage, en même temps qu'il soulignait le fait que le langage véritable est toujours propositionnel au lieu de n'être qu'un assemblage stéréotypé de vocables inertes. Les thèses de ces auteurs seront examinées par la suite. On remarquera toutefois qu'ils se rattachent, au moins implicitement, à un mode d'interprétation psycho-philosophique dont les ingrédients se trouvent dans la pensée de Rousseau et surtout dans celle de Maine de Biran.

18.   Dans son *Essai sur l'origine des langues*, Rousseau insiste sur le caractère émotionnel du langage. «On nous fait, dit-il, du langage des premiers hommes des langues de géomètres et nous voyons que ce furent des langues de poètes; la première langue se rapprochait bien plus du chant que de la parole; elle exprimait la passion que causait l'objet et non l'objet lui-même». Toutes propositions qui introduisent dans la sphère du langage un élément affectif ignoré ou négligé par les associationnistes. Maine de Biran oppose, pour sa part, à l'inertie des associations d'images, l'activité propre de l'esprit humain. Les signes du langage ne deviennent significatifs pour l'individu que s'il est capable de les instituer lui-même une seconde fois par son activité propre. «Le passage de la vie animale à la vie intellectuelle et active se manifeste dans l'homme enfant au moment où il trans-

forme les vagissements ou les premiers cris de la douleur en signes d'appels, dont il se sert *volontairement* pour qu'on vienne à lui, qu'on le change de place, etc. Cette transformation est fort remarquable; c'est le *premier pas d'homme*, c'est la première et véritable institution du langage». Ainsi, pour Maine de Biran, le langage est une forme privilégiée de l'activité intentionnelle. «Il n'est point de véritable idée sans signe volontaire». Une telle interprétation est de grande importance pour la compréhension des troubles du langage. Elle annonce un courant d'idées qui s'est développé au xx⁰ siècle sous la forme d'une réflexion sur les conditions psychologiques du langage et sur le cycle d'élaboration intentionnelle qui conduit des commencements de la pensée à leur réalisation en mots.

II. DONNEES ANATOMIQUES
- PATHOLOGIE DE L'APHASIE

1. LA STRUCTURE DE L'ENCEPHALE
ET LES ZONES CEREBRALES

1. On appelle encéphale la partie du système nerveux central logée dans la boîte crânienne, c'est-à-dire tout le névraxe à l'exception de la moelle épinière qui en constitue le prolongement dans le reste de l'organisme par le canal rachidien. L'encéphale comporte deux groupes d'éléments réunis entre eux par un pédoncule étroit ou pédoncule cérébral. Le groupe inférieur ou tronc cérébral comprend de bas en haut, à l'exception du cervelet, le bulbe, la protubérance, les pédoncules cérébraux et quadrijumeaux. Le groupe supérieur ou cerveau proprement dit, séparé du précédent par la tente du cervelet, est divisé en trois parties, soit une partie médiane ou cerveau intermédiaire ou diencéphale et deux autres parties terminales, paires et symétriques qui forment les hémisphères cérébraux ou télencéphale. Le télencéphale peut être subdivisé lui-même en deux catégories d'éléments ou formations différentes : les corps striés avec deux noyaux (noyau lenticulaire et noyau caudé) en rapport avec le cerveau intermédiaire et le thalamus (paléencéphale) et enveloppés de substance blanche; l'écorce grise recouvrant les hémisphères, d'une épaisseur de 2 à 4 millimètres — cette écorce est également appelée manteau, pallium, cortex. On réserve le nom de néencéphale aux hémisphères cérébraux, moins les corps striés.

2. Une étude anatomique des troubles aphasiques renvoie principalement à la structure et à la topographie du néencéphale et plus directement à la délimitation d'un terri-

toire cérébral : le quadrilatère de l'aphasie. Chaque hémisphère, de forme ovoïde, peut être décrit sous trois faces — inférieure, qui repose sur la base du crâne et la tente du cervelet, externe convexe, qui répond à la courbure de la voûte crânienne, interne verticale, qui est reliée à l'autre hémisphère par des commissures interhémisphériques, ponts de substance blanche. La face externe, ici examinée, est découpé par des scissures profondes en plusieurs lobes. Sur ces lobes des sillons plus superficiels et plus nombreux dessinent des circonvolutions. On distingue ainsi trois scissures découpant quatre lobes visibles (plus un cinquième dissimulé au regard). Les scissures sont : une scissure latérale d'avant en arrière, ou scissure de Sylvius ; une scissure verticale dans la partie médiane supérieure, ou scissure de Rolando ; une courte scissure perpendiculaire externe vers l'extrémité postérieure de l'hémisphère, ou scissure pariéto-occipitale. Les lobes ainsi délimités sont : dans la partie supérieure et antérieure, d'avant en arrière, le lobe frontal et le lobe pariétal ; dans la partie inférieure et postérieure, d'avant en arrière, le lobe temporal et le lobe occipital ; et, dans la profondeur de la scissure de Sylvius, le cinquième lobe dissimulé ou lobe de l'insula.

3. Le lobe frontal comporte deux sillons latéraux qui délimitent trois circonvolutions parallèles dénommées, de bas en haut, 1re, 2e et 3e frontales. Deux encoches situées à proximité de l'origine de la scissure de Sylvius et s'orientant vers le haut, à droite et à gauche, permettent, en outre, de distinguer trois parties dans la 3e frontale soit, d'avant en arrière : la tête (ou segment orbitaire), le cap et le pied. En outre, en avant de la scissure de Rolando et parallèle à celle-ci, se trouve une quatrième circonvolution ou frontale ascendante. Le lobe pariétal comporte un sillon en forme de T couché (sillon interpariétal) qui délimite trois circonvolutions : une pariétale ascendante en arrière de la scissure de

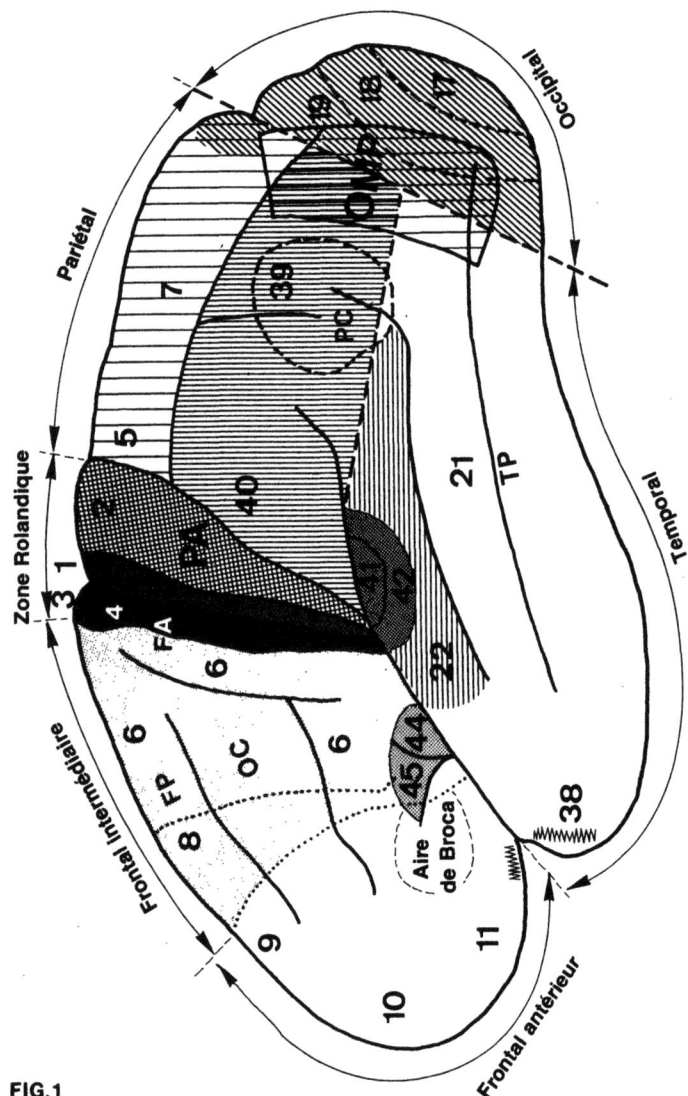

FIG.1

I. Aires d'activité motrice

 Aire 4 - Electro-motrice
Aires motrices secondaires
OC - Oculo-moteur frontal
OMP - Oculo-moteur postérieur

II. Aires sensitives

 Aire somato-sensitive
Aires somato-psychiques
Aires tacto-gnosiques
Aires praxiques et gnosiques
Aires olfactives et gustatives

III.

 Aire auditivo-sensorielle
Aire auditivo-psychique

IV.

 Aire visuelle
Aire visuo-psychique

Rolando, parallèle à la frontale ascendante, et deux pariéta-
les latérales de part et d'autre de la branche horizontale du
T, 1re et 2e de haut en bas; la 2e pariétale ou pariétale
inférieure est en rapport avec le lobule du pli courbe, pont
de substance blanche qui unit, à l'arrière de la scissure de
Sylvius les trois lobes pariétal, temporal, occipital. Le lobe
temporal comporte trois circonvolutions, 1re, 2e et 3e de
haut en bas; de même, on trouve dans le lobe occipital trois
circonvolutions 1re, 2e et 3e de haut en bas, qui sont en
rapport, respectivement, la 1re avec la pariétale supérieure,
la seconde avec le pli courbe, la 3e avec les deux temporales
inférieures. Enfin, le lobe de l'insula comporte cinq circonvolutions (voir ci-contre fig. 1).

4. La question de l'unité fonctionnelle du cortex s'est posée de longue date : ou bien, le cortex tout entier est indifféremment impliqué dans toute fonction, ou bien des territoires ou aires distinctes sont dévolus à chaque fonction avec des localisations plus ou moins serrées (zones, centres, points électifs). Les nombreuses connaissances recueillies à ce sujet, soit par la voie expérimentale (stimulations électriques, destructions partielles, excisions), soit par la voie clinique (observations en anatomie pathologique) permettent de distinguer avec certitude des aires d'incitation motrice, des aires de réception sensorielle et des zones d'association. On observe également que la structure fondamentale ou commune du cortex subit des variations régionales du point de vue de l'architecture cellulaire ; tantôt prédominent les cellules pyramidales (cortex moteur), tantôt les couches granuleuses (cortex sensitif). Les aires motrice et sensorielle sont le point de départ ou d'arrivée de fibres de projection hors du cortex jusqu'aux organes et segments périphériques. Les zones d'association sont reliées entre elles et à l'aire qu'elles enveloppent par des fibres d'association indépendantes des fibres de projection.

5. Chez l'homme, l'activité motrice est régie par une aire somato-motrice (ou électro-motrice) correspondant à la totalité de la frontale ascendante et se prolongeant sur la face interne du cortex par une aire motrice supplémentaire ; les différents points et foyers de ces aires correspondent très exactement aux différents segments corporels. On trouve, étagés de bas en haut, des centres de la tête et du cou, du membre supérieur, du tronc, du membre inférieur. Les commandes du cerveau sont croisées ; chaque hémisphère commande la moitié opposée du corps. Existe également une aire psycho-motrice reliée à la précédente par des fibres d'association ; cette aire se situe en parallèle de la

frontale ascendante; elle correspond aux pieds des 1re, 2e et 3e frontales. Les lésions affectant cette aire entraînent, non pas l'abolition des mouvements volontaires, mais leur désorganisation (apraxie). En particulier une atteinte du pied de la 3e frontale (de l'hémisphère gauche, habituellement) entraîne des troubles graves de l'élocution (anarthrie); de même une atteinte de la 2e frontale déterminerait un trouble de l'exécution graphique (agraphie). L'ensemble du lobe frontal joue donc un rôle privilégié pour tout ce qui concerne la fonction motrice.

6. Les aires corticales du pôle réceptif (ensemble des sensibilités) comportent, outre une zone somato-sensitive et une zone somato-psychique de sensibilité générale situées en gros dans une aire post-rolandique (pariétale ascendante) en regard de l'aire somato-motrice, des aires plus spécialisées en rapport avec les diverses sensibilités. On distingue ainsi des aires corticales visuelles comprenant une zone visuo-sensorielle, et une zone visuo-psychique et visuo-gnosique, situées à la surface interne des hémisphères dans la partie postérieure. En outre, on trouve dans la région du pli courbe (face externe) un centre dont la lésion produit des troubles dans l'aperception des signes graphiques (cécité verbale). Les aires corticales auditives se subdivisent de façon analogue en une zone auditivo-sensorielle correspondant à la première temporale au long de la scissure de Sylvius, et en une zone auditivo-psychique et auditivo-gnosique correspondant à la partie moyenne de la première temporale ou à une aire un peu plus étendue (région temporo-pariétale). Une atteinte de cette région produit des troubles gnosiques, principalement caractérisés en ce qui concerne le langage par un déficit dans l'appréhension des signes vocaux (surdité verbale). On verra plus loin, de façon plus détaillée, tout ce qui concerne l'organisation structurale relative à l'exercice du langage.

7. La morphologie de certaines structures cérébrales en rapport avec les bases anatomiques du langage commence à se développer à partir de la deuxième moitié de la vie fœtale. C'est ainsi que la scissure de Rolando se forme vers 4 mois 1/2, le premier sillon temporal vers 5 mois; au cours du sixième mois la formation du sillon frontal inférieur individualise la 3e frontale. Ultérieurement, au cours de l'âge infantile le pied de la 3e frontale connaît un important développement; la maturation myélinique de cette circonvolution commencée avant la naissance se poursuit encore plusieurs mois ensuite et son évolution cytologique est continue jusqu'à l'âge adulte. Du point de vue phylogénétique il est intéressant de remarquer que le lobe frontal est beaucoup plus développé chez l'homme que chez toute autre espèce animale. C'est seulement chez les anthropoïdes que cette circonvolution apparaît. D'autres observations montrent que, si la scissure sylvienne est déjà présente chez le synantrope de Pékin, de même que chez l'ancêtre humain du paléolithique inférieur (Néanderthal), ce n'est que chez les hominiens du paléolithique supérieur qu'apparaissent les branches artérielles encadrant le cap de la 3e circonvolution frontale. Ces indications donnent à penser que l'acquisition du langage par l'homme a été liée à une structure anatomique évolutive et que, d'autre part, les caractéristiques structurales du cerveau humain sont, pour ce qui concerne le langage, sans équivalent dans le monde animal. C'est seulement lorsque l'encéphale atteint un certain degré de structure architectonique et une certaine spécificité dans la forme et la composition des cellules nerveuses que le langage est anatomiquement possible (au sens humain, c'est-à-dire comme symbolique et représentatif).

2. LES ATTEINTES CEREBRALES DETERMINANT LES TROUBLES APHASIQUES

8. L'irrigation des hémisphères cérébraux est assuré par trois artères. Ce sont, d'une part les artères antérieure et postérieure, et, d'autre part, sur la face externe l'artère moyenne ou artère sylvienne. C'est la topographie de cette dernière qui doit retenir l'attention car les accidents vasculaires qui l'affectent ont toujours rapport avec les troubles du langage. L'artère sylvienne, à peine formée, donne naissance dans la partie supérieure à quatre artères qui sont, d'avant en arrière, l'orbito-frontale, la prérolandique, la rolandique, la pariétale antérieure (ou artère du sillon interpariétal) et, dans les parties médiane et inférieure, à quatre autres artères qui sont, d'avant en arrière, les deux temporales (antérieure et postérieure), la pariétale postérieure et l'artère du pli courbe (fig. 2).

9. On appelle thrombose la formation d'un caillot sanguin dans un vaisseau ou une cavité cardiaque. On appelle ramollissement la suppression de l'apport circulatoire dans un tronc artériel à la suite d'une thrombose. Le tissu vasculaire, alentour, cesse d'être normalement irrigué, et, selon l'importance de l'atteinte initiale combinée à la finesse de la topographie vasculaire, le territoire du ramollissement est plus ou moins étendu et plus ou moins profondément lésé. En règle, un ramollissement cérébral est réversible si l'arrêt circulatoire est inférieur à trois mois; au-delà le processus d'altération des tissus est définitif. Il se produit un phénomène de cavitation — une cavité se creuse à l'endroit où s'est produit le ramollissement (phénomène visible à l'autopsie de sujets hémiplégiques et aphasiques).

10. La plupart des syndromes aphasiques résultent d'une lésion cérébrale par oblitération de l'artère sylvien-

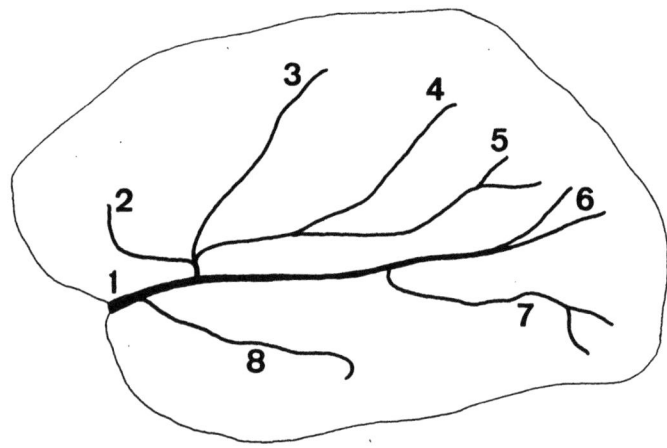

FIG. 2

**Irrigation cérébrale -
Topographie de l'artère Sylvienne**

1. Artère sylvienne
2. Artère orbito-frontale
3. Artère rolandique
4. Artère du sillon interpariétal
5. Artère pariétale postérieure
6. Artère du pli courbe
7. Artère temporale postérieure
8. Artère temporale antérieure

ne. Selon la localisation de l'atteinte sur le trajet de l'artère sylvienne ou de l'une de ses branches, selon son étendue ou sa profondeur (le territoire sous-cortical riche en fibres d'association peut être touché) selon le degré de récupération succédant à la phase aiguë et lié à l'âge du patient et à son état général, on constate des troubles variés plus ou moins accentués, mais présentant toujours pour ce qui concerne le langage une certaine communauté (les déficits purs ou dissociés sont exceptionnels). Le ramollissement total de l'artère sylvienne provoque, outre l'hémiplégie et l'hémianesthésie, une aphasie massive avec réduction quasi-complète de l'activité psychique; le malade est mentalement inerte. Des atteintes moins sévères ou moins étendues provoquent des troubles particularisés. Lorsque la lésion porte sur la partie antérieure de l'hémisphère cérébral (lobe frontal) les troubles sont à prédominance motrice et articulatoire — le malade perd la faculté de s'exprimer sans perte de la compréhension du langage d'autrui. Lorsque la lésion porte sur la partie médiane et postérieure (grand ramollissement sylvien) les troubles sont à prédominance perceptive et idéatoire — le malade n'a pas perdu la faculté de s'exprimer; mais il s'exprime mal (jargon, paraphasie) et il présente un grave déficit dans la compréhension du langage d'autrui et de la symbolique en général; en outre ce trouble du langage s'accompagne d'hémianopsie et d'apraxie. Des atteintes plus limitées de la zone postérieure (région du pli courbe) déterminent des troubles marqués pour la lecture (alexie). Si le ramollissement touche simultanément la région temporale et le pli courbe le trouble est caractérisé par des déficits praxiques et par de l'hémianopsie. Les ramollissements affectant les deux autres artères cérébrales peuvent provoquer associés à d'autres déficits sensoriels et praxiques, quelques troubles aphasiques, principalement alexiques et dysarthriques.

11.   Les tumeurs cérébrales peuvent entraîner selon leur localisation diverses manifestations aphasiques. Néanmoins elles constituent un matériel plus que médiocre pour des déterminations topographiques en raison de l'imprécision des limites lésionnelles et des phénomènes morbides qu'elles provoquent et qui viennent se surajouter à la symptomatologie stricte. Néanmoins, ordinairement, des déficits du langage sont constatés dans le cas de tumeurs siégeant, soit dans la région frontale (2e et 3e frontales) avec prédominance de troubles arthriques, soit dans la région temporale avec prédominance de troubles paraphasiques. On remarque également que ces troubles s'installent progressivement et qu'ils se caractérisent surtout, dès le début, par une perturbation du pouvoir d'évocation verbale. Dans certains cas le sujet ne trouve pas le nom de l'objet, mais lui substitue une description par l'usage (comportement typique dans l'aphasie amnésique); dans d'autres cas, le sujet ne trouve pas le nom de l'objet et ne lui cherche pas de substitut (anomie). Les cas de la première espèce correspondent à une tumeur temporo-pariétale; les cas de la seconde espèce à une tumeur frontale.

12.   Des aphasies post-traumatiques sont observées fréquemment chez des sujets sains victimes de traumatismes crâniens (blessures de guerre, accidents du travail et de la circulation, etc.). Bien que les localisations lésionnelles soient difficiles dans de tels cas l'étude des blessures de guerre à la suite des deux conflits mondiaux a fourni une contribution importante à la détermination des syndromes aphasiques. Les travaux de P. Marie, de Ch. Foix, de Head, après la première guerre mondiale, ceux de Schiller, de Conrad, de Luria et de plusieurs autres aboutissent à des conclusions concordantes sur de nombreux points. Pour l'essentiel l'existence de zones de l'aphasie classiquement admises par référence à la double polarité des déficits mo-

teurs et sensoriels se trouve confirmée. Dans les lésions sus-sylviennes (frontale, rolandique, pariétale) les troubles articulatoires accompagnés d'un syndrome de désintégration phonétique sont prédominants. Dans les lésions sous-sylviennes (temporale et postérieure) on trouve soit des troubles agrammatiques, soit des troubles paraphasiques, soit des troubles alexiques, ces deux derniers étant fréquemment combinés. Luria (1947) a montré que la désintégration de la perception acoustique phonémique correspond, avec une fréquence très élevée, à une lésion de la région postéro-supérieure du lobe temporal. Dans les zones voisines ce déficit est peu fréquent et de gravité secondaire.

13. Les indications précédentes données à propos de lésions vasculaires, tumorales, traumatiques, relèvent de la pathologie cérébrale. Une voie de recherche toute différente s'est ouverte, soit par l'intermédiaire des observations faisant suite à des interventions chirurgicales, soit surtout grâce aux techniques expérimentales de laboratoire qui permettent la stimulation de certaines aires corticales et de foyers et points déterminés à l'intérieur de ces aires. Les lobectomies, en raison même de leur précision topographiques devraient représenter un matériel de choix dans la délimitation des troubles aphasiques. Pourtant les indications recueillies sont peu concordantes. C'est ainsi que l'ablation de la partie du lobe frontal située en avant de l'aire motrice de la face, ou la résection de la 3e frontale, n'entraînent pas — au-delà des effets provisoires de traumatisme opératoire — des arrêts définitifs du langage. Il en va de même pour d'autres régions cérébrales (circonvolutions temporales, gyrus supramarginalis). Il semblerait que les troubles aphasiques ne puissent être persistants que si, après intervention, d'autres aires cérébrales ont, pour d'autres raisons, un fonctionnement anormal (Penfield). On

suppose également que le lobe mineur de l'autre hémisphère, une fois libéré des influx perturbateurs provenant du lobe malade dominant est mieux à même d'assurer une fonction de suppléance (Nielsen). On peut conclure cependant, par recoupement des observations, que la zone du langage est centrée sur une région postérieure temporo-pariétale avec un prolongement en avant vers la partie postérieure des trois frontales (et aussi, selon Penfield, vers l'aire motrice supplémentaire).

14. Les travaux de laboratoire effectués sous la direction de Penfield montrent que le courant électrique appliqué en divers points du cortex peut avoir deux effets sur le langage : un effet positif caractérisé par une accentuation de la vocalisation et divers effets négatifs allant de l'arrêt de la parole ou du bredouillement à diverses formes de perturbation. Lorsque le courant est appliqué à l'aire motrice (frontale ascendante et aire supplémentaire) ou à l'aire psycho-motrice (partie postérieure des 2e et 3e frontales) on observe, dans le premier cas, une vocalisation, et dans le second cas, principalement des arrêts ou des bredouillements ou des hésitations. Si la stimulation s'exerce dans la région temporo-pariétale postérieure on observe des troubles de la dénomination, des distorsions et des répétitions ; le symptôme dominant est ici de nature paraphasique ou dissyntaxique (désorganisation grammaticale du discours). On remarque aussi que si la vocalisation et l'arrêt de la parole peuvent être provoqués par stimulation des points électifs de l'un ou l'autre hémisphère, en revanche, les désordres proprement linguistiques sont toujours et seulement en rapport avec la stimulation de l'hémisphère dominant (soit, dans la très grande majorité des cas, l'hémisphère gauche). La dominance hémisphérique à propos du langage est un fait particulièrement important, souligné de

longue date par de nombreux auteurs; nous reviendrons sur cette question ci-dessous.

3. LA REGION DU LANGAGE;
LE QUADRILATERE DE L'APHASIE

15. Les diverses observations mentionnées ci-dessus sont concordantes pour l'essentiel. Les troubles de la fonction du langage sont de deux sortes principales: ou bien c'est la fonction expressive qui est atteinte (c'est-à-dire un processus d'encodage qui peut se situer à différents niveaux de réalisation: ou phonématique, ou sémantique, ou de programmation de la phrase et du discours) ou bien c'est la fonction compréhensive et de sélection qui est en cause par l'intermédiaire de déficits mnésiques et sensoriels (c'est-à-dire un processus de décodage dont la perturbation peut prendre également diverses formes selon que le trouble est à prédominance mnésique — évocation des mots — ou à prédominance de surdité verbale, ou à prédominance d'incompréhension verbale). On doit rappeler en outre que toute aphasie vraie est un trouble global qui a du retentissement sur les conduites lexiques et graphiques (l'analyse clinique de ces diverses perturbations sera présentée dans le chapitre suivant). Aux deux fonctions désignées ci-dessus (encodage et décodage) correspondent deux zones qui ne sont point d'ailleurs isolées et indépendantes: la première est la zone frontale, la seconde est la zone temporo-pariétale.

16. La zone frontale ou zone motrice ou zone de l'expressivité emprunte ses parties constituantes aux éléments corticaux et sous-corticaux suivants. D'abord, en ce qui concerne l'articulation verbale considérée comme une gesticulation phonatoire spécialisée, le rôle moteur est dévolu

à la partie inférieure de la circonvolution frontale ascendante; mais des éléments sous-corticaux interviennent également, tels les noyaux gris centraux et, en particulier, le noyau lenticulaire. Ensuite, en ce qui concerne l'articulation verbale comme processus finalisé, le rôle essentiel est assuré (selon de nombreux auteurs, depuis Broca) par la partie postérieure de la 3e circonvolution frontale, c'est-à-dire, par le cap et par le pied (éléments médian et postérieur de cette circonvolution). Ou bien, si l'on prend pour référence la classification de Brodman ces éléments correspondent aux aires corticales 44 et 45 (fig. 1). On notera également que des faisceaux d'association sous-corticaux cheminant par l'insula relient ces aires aussi bien aux noyaux gris centraux qu'au lobe temporal, ainsi qu'à l'autre hémisphère.

17. La zone temporo-pariétale ou zone sensorielle ou zone de la réceptivité, se définit anatomiquement comme la zone d'aboutissement des voies auditives et visuelles. Les voies auditives cheminant par le tronc cérébral atteignent leurs aires de projection dans les circonvolutions temporales transverses, à la bordure interne de la scissure sylvienne (circonvolutions de Heschl correspondant aux aires 41 et 42 de Brodmann). A ces circonvolutions qui jouent pour la sensibilité auditive un rôle homologue à celui de la frontale ascendante pour l'activité motrice, se combine fonctionnellement l'activité propre (intégration des messages) de la première temporale (aire 22 sur la face externe et aire 52 sur la face insulaire). Les voies visuelles ont pour leur part leurs aires de projection sur la face interne du lobe occipital. Mais deux aires complémentaires sur la face externe (18 et 19) qui assurent l'intégration de l'information sont en rapport avec les autres régions du cerveau, insulaire et temporale en particulier. C'est ainsi qu'une atteinte de

l'aire 19 entraîne un trouble de la perception visuelle en rapport avec le langage écrit (alexie).

18. Entre ces diverses régions des connexions sont assurées par des fibres et faisceaux de fibres parcourant en tous sens les territoires cortical et sous-cortical. L'intégrité de ces fibres est nécessaire elle-même au bon fonctionnement et aux relations de coordination des zones expressives et réceptives. Leur lésion ou leur interruption peut provoquer des formes d'aphasie dites de conduction caractérisées par des troubles du langage intérieur et de la paraphasie, mais sans atteinte, sinon légère, de la compréhension verbale. On distingue des fibres courtes d'association (intracorticales), des fibres longues unissant la région frontale à la région temporale et au pli courbe, des fibres calleuses joignant les régions homologues des deux hémisphères, des fibres de projection qui joignent toute la corticalité des zones du langage au thalamus dans le cerveau intermédiaire (diencéphale). Pour avoir une vue complète du système cérébral à propos du langage il faut ajouter, d'ailleurs, que le diencéphale, en raison de ses fonctions dont la régulation de l'affectivité, joue indirectement un rôle dans tout acte de verbalisation et de formulation (mimiques d'accompagnement, langage émotif). En outre, les noyaux striés, du fait de leur connexion avec l'écorce cérébrale représentent un centre susceptible de participer à la synchronisation des organes pneumo-pharyngo-buccaux. D'où le sens des schémas classiques qui englobent au-dessous du territoire cortical de l'aphasie, les masses sous-jacentes : fibres intra et transcorticales, noyaux gris centraux.

19. La région du langage, considérée dans son ensemble, c'est-à-dire regroupant les zones expressives et les zones réceptives constitue une sorte de quadrilatère allant du bas de la zone frontale jusqu'aux gyri supramarginalis

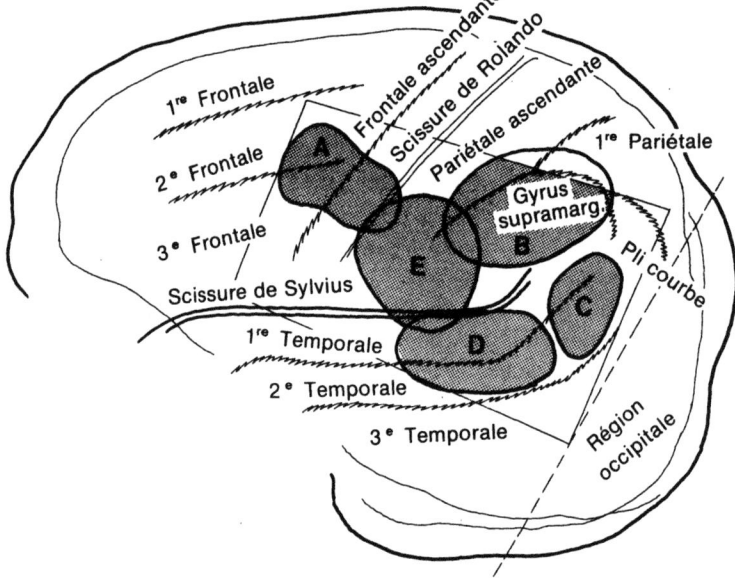

FIG. 3

Topographie des aphasies - Hémisphère gauche

(d'après P. Marie et Ch. Foix)

A. Zone de l'anarthrie
B. Zone d'aphasie du gyrus
C. Zone d'aphasie du pli courbe
D. Zone d'aphasie temporale
E. Zone d'aphasie globale

(aire 40) et angulaire (aire 39). Le centre de ce quadrilatère se situe au niveau de la partie postérieure de la première circonvolution temporale. On doit observer que la lésion de la substance corticale en l'un quelconque des points de ce quadrilatère entraîne toujours une perturbation générale du langage quel qu'en soit le symptôme dominant. On remarquera aussi que cette région est centrée sur l'artère cérébrale sylvienne qui en assure l'irrigation; on comprend ainsi que tout accident vasculaire affectant cette artère soit d'un rôle capital dans la production des troubles aphasiques. En fait, si l'on regarde l'aphasie sous cet aspect on est tenté de dire (avec Pierre Marie) qu'il n'y a qu'une seule aphasie ou aphasie vraie. Toutefois, sous réserve de classifications anatomo-cliniques ou psychologiques plus développées, on peut considérer comme valables les distinctions déjà opérées (§ 10) en les schématisant ainsi:

zone de réceptivité	grand ramollissement sylvien postérieur	Aphasie massive avec hémianopsie et apraxie
	ramollissement sylvien postérieur partiel	Aphasie avec prédominance de troubles lexiques ou idéatoires
zone de l'expressivité	grand ramollissement sylvien antérieur superficiel	Aphasie sévère compliquée d'anarthrie avec hémiplégie et hémianesthésie
	Ramollissement sylvien antérieur profond	Aphasie motrice à forte prédominance anarthrique, avec hémiplégie

20. Le schéma ci-dessus se comprendra mieux si l'on précise davantage la localisation des principaux foyers de ramollissement. Le grand ramollissement sylvien postérieur siège en arrière de l'embranchement des artères sus-sylviennes ainsi que de l'artère temporale antérieure; il oblitère donc l'irrigation de toute la partie médiane et postérieure du cortex ainsi que du territoire sous-cortical correspondant particulièrement riche en fibres d'association. Le ramollissement postérieur partiel se situe plus en arrière dans la région du pli courbe, soit vers le haut (pariétal) soit vers le bas (temporal). Le grand ramollissement sylvien antérieur et superficiel affecte le trajet de l'artère compris entre la partie postérieure du lobe frontal et la partie médiane des premières temporales; l'insula et le territoire sous-cortical sont lésés. Le ramollissement antérieur profond proche de l'origine de l'artère sylvienne atteint le territoire sous-cortical entraînant des lésions du noyau caudé. En termes classiques l'usage veut que l'on réserve la dénomination d'aphasie de Broca au type d'aphasie caractérisé par la dominance des troubles articulatoires et la dénomination d'aphasie de Wernicke au type d'aphasie caractérisé par la dominance des troubles de la réception, de la compréhension ou de l'évocation. On verra cependant que, à l'intérieur de ces deux catégories d'autres dénominations sont nécessaires pour tenir compte de diverses formes plus nettement typées dans l'observation clinique (voir chapitre III). A ce propos, on notera également que des atteintes plus restreintes semblent correspondre à des troubles isolés ou dissociés, encore que l'existence de ces syndromes purs ait donné lieu à de multiples controverses (critique de la notion associationniste de « centre d'images »).

4. LA DOMINANCE HEMISPHERIQUE.
LA QUESTION DES SUJETS GAUCHERS

21.   C'est un fait anatomique dûment établi que l'activité volontaire motrice — et même l'activité sensorielle (en particulier visuelle) — sont tributaires de la dominance d'un hémisphère cérébral sur l'autre. Les êtres vivants vertébrés, l'être humain en particulier, comportent une organisation symétrique du point de vue morphologique. Mais dans cette organisation intervient, pour toute action possible, une fonction de latéralisation. Cette latéralisation, toujours largement dominante à droite mais non pas totalement (puisque dans la population normale on trouve toujours une certaine proportion de sujets gauchers) ne touche pas seulement les membres supérieurs et la main; elle s'étend également aux membres inférieurs, avec, éventuellement des variations de dominance (latéralisation croisée). De même, elle s'exerce sur la face et les yeux. En ce qui concerne les mimiques du visage il est remarquable que selon qu'un sujet est droitier ou gaucher l'hémiface dominante est toujours plus expressive que l'autre. Ce qui apparaît fort nettement lorsque, à l'aide de photographies découpées, on combine deux hémifaces identiques de façon à recomposer un visage droit et un visage gauche. L'un de ces visages est toujours plus typé, plus personnalisé que l'autre.

22.   Ce fait de dominance se retrouve dans le cas du langage et sous une forme pour ainsi dire accentuée. Depuis les observations de Broca (1864-1865) et, antérieurement, celles de Dax, le rôle de la dominance de l'hémisphère gauche pour le langage chez les droitiers n'est plus contesté. En revanche la question de la dominance de l'un ou l'autre hémisphère chez les sujets gauchers est moins claire — on reviendra sur cette question dans les paragra-

phes suivants. Auparavant il s'agit de proposer brièvement une explication de ce phénomène de latéralisation renforcée dans le cas du langage. La réponse peut être donnée ainsi : d'une part les zones cérébrales d'expression, de réception et de compréhension existent symétriquement dans les deux hémisphères et l'activité mentale se fait, naturellement, avec la participation du cerveau tout entier, mais, d'autre part : « si l'on compare les conditions de fonctionnement des organes pneumo-laryngo-buccaux (organes principaux du langage oral) avec les conditions de fonctionnement des membres et même des muscles de la face, on constate que les éléments droits et gauches de ces organes ne peuvent pas jouer indépendamment les uns des autres dans l'action volontaire. Les organes de la parole doivent fonctionner syncinétiquement » (Ombredane).

23.   En d'autres termes la capacité de verbalisation est tributaire d'une perfection absolue dans le fonctionnement synchrone des muscles de la phonation. Cette perfection ne peut être assurée au mieux que par la suprématie de commandement d'un seul hémisphère. La preuve a contrario est fournie par des phénomènes comme le bégaiement qui serait dû à la non-prédominance d'un hémisphère sur l'autre ou provoqué par une action éducative contraignante venant perturber une particularité cérébrale (gaucherie contrariée). Aussi doit-on considérer que, au moins chez les droitiers, l'hémisphère gauche est le siège, non pas du mécanisme d'élaboration de la pensée (nécessairement bilatéral), non pas des centres percepteurs et émetteurs (qui impliquent également la mise en jeu de deux hémisphères) mais d'un centre unique de sélection, d'organisation, de commandement unilatéral. Un argument supplémentaire est fourni par le fait que, dans le jeune âge, tant que l'éducation n'a pas définitivement conditionné les mécanismes et

les circuits de la pensée verbale, des possibilités de suppléances peuvent s'établir entre les deux hémisphères. On doit signaler à ce propos non point tant la rareté des phénomènes aphasiques chez des sujets jeunes — enfants — que leur caractère beaucoup plus fréquemment transitoire que chez l'adulte.

24. Il reste, cependant, qu'en dépit de l'incontestable dominance de l'hémisphère gauche chez les droitiers la question peut être posée de savoir quel est, pour ces derniers, le rôle éventuel de l'hémisphère droit. Plusieurs indications résultant de diverses atteintes pathologiques ou de contrôles expérimentaux méritent d'être mentionnées ici. Les observations portant sur des cas d'hémisphérectomies gauches (ablation de l'hémisphère gauche chez le sujet droitier) sont évidemment peu nombreuses; on peut citer néanmoins une observation isolée (Smith, 1966) d'après laquelle le sujet aurait récupéré relativement les fonctions du langage à l'aide du seul hémisphère droit. Chez d'autres sujets, tous droitiers, atteints de lésions droites, on constate diverses perturbations centrées sur des troubles de l'articulation mais transitoires et sur des difficultés dans l'apprentissage d'un matériel linguistique nouveau. Par ailleurs, chez des sujets ayant subi la section des commissures interhémisphériques, divers procédés expérimentaux permettent de s'assurer que l'hémisphère droit seul peut comprendre des mots, des périphrases, ou même des définitions, énoncés verbalement par l'expérimentateur. En revanche les troubles lexiques et élocutoires sont massifs, ce qui indique que si l'hémisphère droit comprend la parole, il ne peut, pour ainsi dire, ni lire, ni parler. Enfin, le test à l'amytal sodique (injecté dans l'artère carotide d'un côté, puis de l'autre) qui entraîne une suspension transitoire des activités d'un hémisphère, a montré que dans quelques cas,

la représentation du langage siégeait dans l'hémisphère droit ou était bilatéral. Mais il faut préciser que ces quelques cas ont été prélevés dans des séries de sujets épileptiques c'est-à-dire des sujets chez lesquels des atteintes antérieures de l'hémisphère gauche, non décelées, ont pu entraîner précocement un phénomène de suppléance (voir § précédent). Au total les indications recueillies, sans être entièrement négatives, soulignent le caractère secondaire de la participation de l'hémisphère droit dans les opération du langage chez les droitiers.

25. La dominance de l'hémisphère gauche pour le langage chez les droitiers étant ainsi largement démontrée, il est naturel de supposer en réplique une dominance de l'hémisphère droit chez les gauchers. Cette dominance se manifeste, en effet, lorsque l'on observe des séries d'aphasiques gauchers, mais dans une proportion qui reste largement mineure. En d'autres termes, c'est seulement dans une proportion qui varie de 10 % à 30 % selon les auteurs que des lésions de l'hémisphère droit déterminent des troubles aphasiques chez les sujets gauchers. Penfield estime même, d'après ses propres observations portant sur près de 600 malades opérés pour crises cérébrales focales et présentant des troubles aphasiques après l'intervention, qu'il n'y a point de différence significative entre sujets droitiers et gauchers tous opérés, soit de l'hémisphère gauche, soit de l'hémisphère droit; les proportions sont en effet les suivantes : pour une intervention sur l'hémisphère gauche on trouve une fréquence voisine pour les deux catégories (73 % environ), pour une intervention sur l'hémisphère droit, les fréquences sont différentes mais restent à un faible indice, même pour les gauchers, et les différences ne sont pas statistiquement significatives. Pour ce qui concerne le langage on doit donc dire que la dominance

cérébrale gauche est beaucoup plus générale que la dextra-lité, c'est-à-dire qu'elle englobe aussi une proportion lar-gement majoritaire de sujets, par ailleurs gauchers.

26. Toutefois, un correctif doit être apporté à cette conclusion, si elle laisse entendre que les troubles observés dans les deux catégories de sujets sont de même nature et de même intensité. En effet, les observations cliniques montrent que les troubles des gauchers sont moins sévères quel que soit l'hémisphère lésé, avec en outre des possibili-tés de récupération plus importantes et plus rapides. Ces observations sont confirmées par des contrôles d'écoute bi-aurale effectuées chez des sujets normaux droitiers et gauchers; l'asymétrie audito-perceptive est nettement plus marquée chez les premiers que chez les seconds. De même les déficits associés (calcul mental, représentation spatiale, alexie et dyslexie, etc.) sont ordinairement moins prononc-és chez les gauchers que chez les droitiers. Il semble donc logique de conclure en faveur d'une représentation bilaté-rale du langage chez les gauchers, ou, sinon, à une repré-sentation unilatérale bien moins accentuée qu'elle ne l'est chez les droitiers.

5. CONCLUSION

27. Le langage, processus élaboré de haut niveau sym-bolique, implique une participation de l'ensemble du psy-chisme. Autrement dit il y a un rapport fondamental entre pensée et langage, et la façon dont ce rapport est perturbé dans l'aphasie devra être étudiée ultérieurement en termes d'analyse proprement psychologique. Cependant, les opé-rations du langage sont également subordonnées, en tant que motrices et réceptives, à l'organisation corticale et sous-corticale des hémisphères cérébraux; le langage a des bases anatomiques. Le présent chapitre avait pour but de

préciser ces bases anatomiques et de distinguer une région ou quadrilatère du langage où se trouvent impliquées du point de vue moteur, une aire prérolandique et une aire postérieure frontale (pieds des circonvolutions frontales latérales) et du point de vue sensoriel ou réceptif, une aire post-rolandique et une aire temporale sous-sylvienne se prolongeant postérieurement vers une aire pariéto-pli courbe et temporo-pli courbe. A l'intérieur de ce quadrilatère toute lésion est susceptible de produire des troubles généraux du langage avec des dominances marquées selon le foyer de la lésion. On ne saurait pour autant conclure à l'existence de centres déterminés du langage — comme centres d'images motrices, sonores, visuelles. Le cerveau est un instrument d'actualisation du langage; ce n'en est point le réceptacle.

28. Le rôle particulier joué par l'hémisphère gauche vient d'être souligné. On peut dire que cet hémisphère est dominant en ce que tout se passe comme s'il comportait une commande unilatérale nécessaire à la coordination syncinétique des organes de la parole. Toutefois l'affirmation de cette dominance doit être nuancée selon que l'on considère des sujets droitiers ou gauchers. Chez les sujets droitiers la dominance gauche est toujours très marquée (encore que l'on trouve dans la littérature spécialisée des cas exceptionnels d'aphasie croisée — commande droite chez les droitiers). Chez les sujets gauchers on trouve soit une dominance gauche moins accentuée, soit une bilatéralisation relative des opérations du langage — ce qui explique, du reste, que les troubles aphasiques chez les gauchers soient généralement moins massifs que chez les droitiers.

29. Enfin, comme l'on a vu qu'en dépit de son caractère global l'aphasie comporte diverses variations dues à l'émergence plus marquée de tel ou tel symptôme, et que

même, dans certains cas, un seul symptôme paraît être présent (troubles aphasiques dissociés) la cartographie anatomique n'est pas suffisante pour constituer une classification pertinente. La question de l'aphasie doit donc être reprise au niveau de l'analyse clinique, c'est-à-dire de la description détaillée des divers troubles observés, ou, pour des troubles de même dominance, de leur degré de gravité et de leurs particularités.

III. DONNEES CLINIQUES -
TYPOLOGIE DE L'APHASIE

1. Considérés dans leur plus vaste extension les troubles de la sphère du langage peuvent se subdiviser pour la commodité de l'analyse selon deux principaux niveaux. Au premier niveau on trouve le groupe des dissociations aphasiques ou formes pures d'un trouble déterminé; entrent dans cette catégorie les diverses altérations — verbales, graphiques, lexiques et autres — qui, ou bien se peuvent observer isolément, ou bien sont suffisamment particularisées parmi d'autres pour motiver une description et une dénomination spécifique. Au second niveau on trouve le groupe des aphasies proprement dites; celles-ci constituent des syndromes anatomo-cliniques complexes pouvant être classés en tableaux différents, chaque tableau comportant une constellation de traits associés avec, habituellement, un symptôme dominant. Il s'ensuit que les altérations isolées ou particularisées donnent lieu à une nomenclature, tandis que les groupements anatomo-cliniques du second niveau réclament une classification. En dehors de cette entreprise générale d'identification et de mise en ordre, il est intéressant de distinguer des formes particulières d'aphasie telles qu'elles se manifestent, par exemple chez l'enfant ou chez les sourds-muets. Le présent chapitre sera donc divisé en trois parties principales.

1. NOMENCLATURE ET CLINIQUE
DES TROUBLES DU LANGAGE

A. *Les troubles du langage oral.*

On désigne par anarthrie un trouble majeur de l'articulation ou de l'élocution qui peut se produire sans incidence sur la compréhension verbale, sur la lecture et l'écriture. Ce trouble est caractérisé par des difficultés dans la mise en train de l'émission verbale, par des irrégularités dans le débit (scansion hachée de type syllabique tantôt explosive, tantôt anormalement ralentie), par une énergie intempestive mal distribuée dans la succession des phonèmes. Les déformations dans la qualité des vocables prononcés sont constantes sous la forme d'élisions, d'assimilations ou de métathèses incongrues. L'altération porte aussi bien sur l'émission de phonèmes élémentaires que sur la combinaison de ces phonèmes en mots. Outre cette perturbation d'ordre phonétique pouvant aller jusqu'à un syndrome de désintégration, les qualités normales de la parole du point de vue du rythme, de la tonalité, de l'accentuation se trouvent altérées (atteinte de la mélodie du langage ou dysprosodie). Enfin, au moins dans son stade initial, l'anarthrie va constamment de pair avec des troubles moteurs d'origine hémiplégique affectant la motricité bilatérale du visage et de la cavité bucco-pharyngée. Cette apraxie bucco-faciale peut affecter des activités motrices indépendantes de la parole, mais il n'est pas douteux qu'elle touche principalement les aspects volontaires de la mimique et de la gesticulation orale et qu'elle a, par conséquent, une incidence marquée sur le processus d'articulation verbale.

3. Les stéréotypies verbales se caractérisent par la conservation d'unités phonématiques exclusives utilisées par le malade en toutes circonstances. On distingue des

stéréotypies sans signification linguistique (syllabes isolées ou combinaisons de plusieurs syllabes) et des stéréotypies objectivement signifiantes (mots isolés, phrases ou fragments de phrases, vocables oui - non). Cependant, dans les deux cas, la caractéristique essentielle de ces stéréotypies est leur usage non-volontaire et fréquemment itératif, le malade répétant inlassablement la même expression. On observe néanmoins de nombreux cas d'évolution — en particulier chez les malades utilisant des stéréotypies signifiantes, malades pour lesquels le pronostic de récupération est meilleur; l'évolution se caractérise par des variations phonématiques croissantes à partir du thème initial, par un contrôle volontaire parvenant à suspendre l'émission automatique, et ultérieurement, dans la meilleure hypothèse, par la reconquête d'un langage basique, sémantiquement assez pauvre et, surtout, d'un niveau syntaxique élémentaire. C'est précisément à cette syntaxe élémentaire que l'on peut réserver le nom d'agrammatisme : alors que l'emploi des substantifs s'enrichit dans une certaine mesure, la forme de la phrase reste stéréotypée avec emploi des verbes à l'infinitif, omission des particules de liaison, absence des divers modes de différenciation grammaticale.

4.   Les troubles de l'évocation et de l'énonciation verbale (sans troubles praxiques ou de l'élocution) peuvent être différenciés en tant qu'amnésiques, paraphasiques et jargonophasiques. On désignera par amnésie verbale non pas tant l'oubli des mots que l'incapacité dans une circonstance donnée à évoquer un terme adéquat, bien que ce terme subsiste par ailleurs dans le vocabulaire du malade. Il s'agit donc moins d'une amnésie que d'un trouble de l'évocation en tant que volontaire ou intentionnellement représentative ; c'est, selon Goldstein, l'attitude catégorielle du malade qui est mise en défaut. Lorsque le sujet retourne de

l'usage volontaire et abstrait du langage à l'usage affectif, automatique et concret, il est fréquent que le mot vainement recherché auparavant ressurgisse spontanément. Ce trouble de l'évocation verbale se retrouve sous une autre forme dans les paraphasies qui consistent en des altérations et en des substitutions de mots (paraphasies déformantes ou littérales et paraphasies nominales ou verbales) et, à un degré beaucoup plus accentué, allant de pair avec des troubles de la réception (surdité verbale) et de la compréhension, dans les jargonophasies qui consistent en un discours souvent abondant et précipité, logorrhéique, mais dont le contenu est habituellement incompréhensible. Plusieurs degrés de gravité peuvent être distingués selon que le discours est composé d'une variété de phonèmes associés sans règle et privés de sens, ou de termes inconnus dans la langue avec une apparence d'organisation syntaxique (jargon asémantique), ou de termes appartenant à la langue mais utilisés sans aucun sens des règles de la grammaire (jargon paraphasique et dyssyntaxique). Mais il est constant, dans ces divers cas, que le malade n'a pas conscience de l'inadéquation et de l'incohérence de son discours (anosognosie).

5.   La surdité verbale dont on vient de voir qu'elle est habituellement associée à d'autres troubles (jargonophasie) existe parfois à l'état isolé — surdité verbale pure. Dans de tels cas, sous la forme la plus sévère, le malade ne peut plus rien comprendre de ce qui lui est dit à haute voix, ni répéter les mots, ni écrire sous dictée. La parole est perçue comme un bruit indistinct, sans ordre spatio-temporel, avec des distorsions de l'intensité et du rythme. Même les propres énoncés du malade ne sont appréhendés par lui que très confusément ce qui constitue un élément aggravant des paraphasies et jargonophasies. En revanche, dans les

formes pures, le langage intérieur est préservé, la lecture mentale et l'écriture spontanée ou d'après modèle sont intactes; si la parole spontanée présente quelques difficultés — en particulier lorsque le sujet essaie de se rendre auditivement attentif à ce qu'il dit — elle reste néanmoins possible et correcte. C'est, évidemment, le pôle réceptif du langage qui est ici en cause; il s'agit d'un trouble de la reconnaissance des signes sonores du langage qui se manifeste indépendamment d'un déficit proprement auditif. L'altération n'est donc pas proprement sensorielle mais de nature gnosique.

B. *Les troubles du langage écrit*

6. L'activité graphique constitue un mode de réalisation linguistique qui n'est pas absolument homologue à l'activité verbale. En effet, sur le plan matériel, outre le recours à une motricité d'exécution fine et très spécialisée, l'expression graphique s'articule sur un support spatial à l'aide d'un système de symboles soumis à des règles strictes (ainsi de la nécessité dans l'écriture manuscrite ordinaire de réaliser des graphes qui doivent rester, en dépit des variations individuelles, identifiables c'est-à-dire conformes à un modèle). De plus, sur le plan expressif et syntaxique, les formulations graphiques sont nécessairement plus rigoureuses que les énoncés verbaux. Si le langage oral peut comporter une certaine marge d'indétermination compensée par le recours fréquent à la répétition et à la redondance, ainsi que par le renforcement de l'accentuation sonore et par l'emploi de diverses mimiques d'accompagnement qui soulignent symboliquement les intentions de l'orateur, le langage écrit, privé de ces supports particuliers, exige plus de rigueur et de continuité dans la transmission du message. La langue écrite est, habituellement et par néces-

sité, plus formalisée que la langue parlée; la phrase inache-
vée, les ruptures et décrochement syntaxiques, les approximations, les synonymies, les redondances n'y sont
point tolérables — à moins qu'il ne s'agisse d'artifices
littéraires ayant précisément pour but l'imitation du langage parlé. Toutefois, de mêmes processus restent fondamentalement à l'œuvre dans ces deux modes d'expression;
en particulier les règles de syntaxe qui déterminent la
construction de la phrase sont du même ordre. Les différences sont surtout sensibles au-delà de la phrase dans
l'économie générale et dans la dynamique du discours. A la
fois ces différences et ces analogies permettent de comprendre qu'il puisse exister des troubles du langage écrit
tantôt associés aux troubles du langage oral, tantôt isolés
ou à l'état pur.

7. On désigne par agraphie les perturbations affectant
l'expression écrite. Ces perturbations sont diverses et ont
donné lieu de longue date à plusieurs tentatives de classification. Mais, à trop vouloir épouser les détails de ce poly-
morphisme on risque d'aboutir à une nomenclature dis-
persée. Aussi paraît-il préférable de s'en tenir à deux catégories essentielles. On rangera dans la première catégorie,
celle des agraphies de type apraxique, les troubles liés à une
altération des conditions motrices de l'écriture. Dans certains cas l'exécution graphique est impossible ou réduite à
des tracés informes; dans d'autres cas, les symptômes caractéristiques sont, d'une part, le mauvais agencement spatial des signes graphiques et, d'autre part, la tendance marquée à la persévération de mêmes lettres ou de mêmes
mots. Une forme intermédiaire plus complexe, résultant
d'altérations à la fois motrices et sensorielles, se caractérise aussi bien par des maladresses graphiques (inversions,
distorsions, désordre général de la composition spatiale) et

par des erreurs orthographiques et syntaxiques, encore que la construction de la phrase reste relativement correcte et permette la compréhension des messages rédigés par le malade. Dans la seconde catégorie, celle des agraphies de type aphasique, se regroupent des troubles dominés par une utilisation défectueuse des symboles et des règles du langage écrit alors que l'exécution graphique reste habituellement préservée. Ces troubles sont directement comparables à ceux du langage oral précédemment identifiés comme paraphasiques ou jargonophasiques; non seulement la dysorthographie est constante, mais également — à la différence de la forme intermédiaire mentionnée ci-dessus — la dyssyntaxie. En conséquence les messages écrits par les malades de cette catégorie sont, à la fois, matériellement lisibles et psychologiquement incompréhensibles.

8.   Sous le nom d'agraphie pure, plusieurs auteurs depuis Exner (1881) ont affirmé l'existence d'un trouble de l'écriture indépendant de tout autre trouble du langage (oral et lexique) ainsi que de troubles praxiques. L'agraphie pure serait imputable à l'atteinte d'un centre graphique situé classiquement au pied de la 2e circonvolution frontale. Elle se caractériserait essentiellement, d'après les observations les plus récentes, soit par une forte tendance à la persévération, soit par un désordre dans la sélection et dans la combinaison graphique des morphèmes (dysorthographie). En revanche, on n'observerait que peu d'altérations dans la facture du graphisme aussi bien dans l'écriture spontanée que dans la copie. Selon Hécaen deux types de désordre seraient ici en cause : ou bien, une désorganisation spatio-temporelle dont on trouve d'autres manifestations dans l'inaptitude au calcul mental, ou bien une désorganisation des opérations de sélection des formes proprement graphi-

ques bien que les quelques malades observés ne présentent point de troubles lexiques. Il convient de signaler également la présence d'un déficit intellectuel général chez plusieurs de ces sujets, ce qui suggère l'hypothèse d'une altération de l'initiative au niveau symbolique.

9. Aux troubles de l'exécution graphique répondent sur un autre plan les divers troubles de la compréhension du langage écrit désignés sous le terme général d'alexie. De même que l'activité graphique, l'activité lexique est liée à des conditions qui lui sont propres indépendamment des caractéristiques de l'activité verbale en général. L'appréhension visuelle, l'organisation spatiale, les opérations de mise en signification des symboles y jouent évidemment un rôle essentiel. En d'autres termes la lecture n'est possible que sous la double condition de l'intégrité des fonctions sensorielles et de la réalisation des valeurs sémantiques du langage; elle réclame également une tension particulière de l'attention à la fois synthétique et prospective. Comme pour l'écriture les observations portant sur les troubles particularisés de la lecture ont été effectuées de longue date. Ces observations ont été facilitées par le fait que la délimitation des troubles d'origine visuelle et de troubles liés à la dissolution du langage correspond à des aires cérébrales nettement différenciées. Les altérations de la perception visuelle ont, en effet, leur siège dans la région occipitale interne, c'est-à-dire dans une zone indépendante du quadrilatère du langage. Il existe donc une forme d'alexie agnosique (optique) existant en tant que trouble isolé sans incidence sur les autres opérations du langage. En revanche des formes d'alexie aphasique se manifestent en tant que conséquences d'une perturbation de la compréhension générale du langage. Les atteintes correspondant à ces formes se localisent dans la région temporale postérieure et dans la région du pli courbe.

10. L'alexie pure ou cécité verbale représente un symptôme isolé interprété classiquement comme la manifestation d'une agnosie optique spécialisée (région occipitale). Elle se caractérise par la dissolution de l'activité perceptive visuelle de sorte que la lecture des mots et des phrases est toujours gravement perturbée jusqu'à l'incompréhension totale. Les mots sont vus comme des dessins sans que le malade puisse leur rattacher l'idée correspondante. Il est vrai que la reconnaissance littérale reste possible en ce sens que le malade distingue les caractères cursifs ou imprimés d'autres formes dessinées, mais les lettres ne sont identifiées qu'en tant qu'images visuelles appartenant à une catégorie déterminée, mais non quant à leur valeur symbolique. Dans les degrés moins sévères on observe une conservation relative de la lecture analytique, par lettres et par syllabes (recours fréquent à l'épellation) tandis que la lecture synthétique par identification de mots et de phrases reste impossible. Même au niveau de la lecture analytique les confusions sont nombreuses et se reflètent dans les paralexies (lecture d'un mot pour un autre) et dans les persévérations (répétitions d'un même mot). Les troubles associés sont une agnosie visuelle étendue aux formes, aux couleurs, aux objets, et plus généralement à toute figuration de caractère symbolique. On distinguera ce trouble d'un cas particulier représenté par l'agnosie spatiale unilatérale; cette agnosie consiste en l'imperception d'un hémichamp visuel (généralement la moitié gauche de l'espace); les malades conservent leur capacité de lecture et d'écriture, mais seulement dans la partie droite de l'espace.

11. Les alexies aphasiques comportent plusieurs formes mais elles présentent aussi des caractères communs différenciés par rapport à l'alexie pure. D'une part elles

sont toujours associées à d'autres troubles du langage, d'autre part c'est le caractère analytique de la lecture qui est habituellement défaillant (alexie littérale) alors que la lecture globale reste possible. On distingue une alexie agraphique qui résulte de la conjonction des troubles proprement lexiques et des troubles d'exécution graphique. Les troubles lexiques sont moins sévères que dans l'alexie pure, le malade restant capable d'appréhender les lettres et les mots bien qu'il ne puisse leur conférer un sens. Le langage intérieur est perturbé ainsi que la direction de l'attention; il se produit comme une perte de la stratégie perceptive propre aux opérations de la lecture (les mots sont lus quelquefois à l'envers, les syllabes sont déplacées les unes par rapport aux autres). On distingue d'autre part plusieurs degrés d'une alexie que l'on peut nommer sémantique ou phrastique en ce sens que les valeurs significatives des mots ou des phrases sont d'autant moins bien comprises que l'information gagne en complexité. Le malade peut lire et exécuter en conséquence un ordre simple tandis qu'il échoue dans la compréhension et la réalisation d'un ordre compliqué. La relation est ici évidente avec le trouble général de la réceptivité et de l'élaboration des informations. Les alexies aphasiques se caractérisent donc essentiellement par une dissociation des formes et des valeurs du langage écrit; si la lecture comme acte global d'appréhension reste possible, la lecture comme acte stratégique de compréhension est fondamentalement altérée.

C. *Autres troubles dissociés*

12.   Une mention particulière doit être réservée à deux autres troubles spécialisés de nature apraxique ou agnosique. On distinguera ici l'acalculie et l'amusie. Le terme acalculie désigne, au sens large, les troubles inhérents à l'utilisation des symboles numériques ou quantitatifs, et au

sens précis, l'incapacité à effectuer des combinaisons de chiffres et les opérations portant sur ces combinaisons. L'acalculie est souvent associée à un trouble alexique plus général et à un trouble agraphique. Dans ce cas il est évident que le malade ne peut pas effectuer d'opérations numériques pour la simple raison que sa cécité verbale s'étend à l'ensemble des symboles écrits. Toutefois la question se pose de savoir s'il existe une acalculie pure indépendante de tout autre trouble du langage. Cette acalculie caractérisée par un déficit de la représentation des quantités et de leur combinaison, et non plus par un déficit dans la reconnaissance ou la dénomination des chiffres, se rencontre exceptionnellement. Il s'avère que, dans de tels cas, le facteur responsable est une apraxie spatiale constructive : le sujet ne sait plus effectuer soit dans l'espace extérieur, soit dans son propre espace intérieur (espace mental) les opérations spatio-symboliques de rangement, de classification, d'ordination des quantités. Ainsi comprise l'acalculie représente l'incapacité à se servir de la catégorie de direction dans l'espace, ou bien, selon Goldstein, l'incapacité à choisir un point ou lieu de référence à partir duquel pourraient s'ordonner diverses opérations subséquentes. On remarquera ici que ce trouble très spécialisé se rencontre sous une forme plus étendue dans les aphasies de compréhension lorsqu'il s'agit pour le malade d'effectuer des opérations de rangement dans l'espace ou de mise en catégorie dans sa pensée.

13. On désigne par amusie les diverses altérations du langage musical. L'amusie motrice est caractérisée par l'incapacité à chanter, à fredonner ou à siffler spontanément ou par imitation des notes isolées ou des phrases musicales. Habituellement l'automatisme est mieux préservé que l'acte de chant intentionnel. Ce trouble peut

exister indépendamment de l'anarthrie ou de l'aphasie motrice; l'expérience montre en effet que des sujets anarthriques conservent fréquemment leur aptitude à chanter et que, même dans cette condition, ils parviennent à prononcer des mots et des phrases qu'ils ne parviennent pas à maîtriser dans la verbalisation ordinaire. L'amusie graphique ne concerne que la lecture et l'écriture de la notation musicale; laissant intacte la reconnaissance et l'émission des sons, elle doit être considérée comme un cas particulier des troubles alexiques et agraphiques. Les amusies sensorielles consistent en la perte ou le déficit du sens musical et de l'agrément qu'il procure; on y peut distinguer plusieurs variétés: surdité tonale (incapacité à distinguer les sons d'intervalles voisins), surdité mélodique (incapacité à percevoir la musique en tant que telle), surdité au rythme. Ces amusies peuvent être rapprochées de la surdité verbale d'autant que le siège anatomique semble être très voisin pour cette dernière et pour la surdité mélodique (partie moyenne de la 1re circonvolution temporale).

2. CLASSIFICATION DES APHASIES PROPREMENT DITES

14. On a dit précédemment (§ 1) que les aphasies proprement dites constituent des syndromes anatomo-cliniques complexes comportant une constellation de traits associés avec, habituellement, un symptôme dominant. Naturellement ce symptôme peut fournir un bon critère de classification surtout si une correspondance existe entre l'aspect clinique et l'aspect anatomique. Théoriquement, le problème de la classification ne semble devoir se poser que dans l'hypothèse où l'on admet l'existence de plusieurs aphasies typiques. Cependant, même les auteurs qui, suivant l'opinion de P. Marie, ont vu dans l'aphasie un syndrome caractérisé par l'unicité de ses manifestations, n'ont

pas manqué de proposer des distinctions qui leur étaient suggérées par l'observation clinique; l'unicité n'implique pas, en la circonstance, une absolue homogénéité. L'exigence de classification est si forte qu'elle a donné lieu dans la littérature spécialisée à une multitude de schémas tantôt inspirés de l'étude anatomo-clinique, tantôt de présupposés doctrinaux d'ordre psychologique ou d'ordre psycholinguistique. Ces typologies concordent rarement, aucune, actuellement, ne peut être considérée comme exhaustive. Celle qui est proposée ici s'efforce de concilier plusieurs tendances, mais elle reste inspirée de la réalité anatomique en ce qu'il paraît toujours nécessaire de distinguer des troubles d'expression, des troubles d'évocation et des troubles de réception. Ces troubles interprétés en termes de psycho-linguistique correspondent à des difficultés dans l'ordre de la combinaison des signes du langage (processus d'encodage; axe syntagmatique) ou à des difficultés dans l'ordre de la sélection (processus de décodage; axe paradigmatique) soit sur le versant mnésique, soit sur le versant sensoriel.

A. *Groupe des aphasies de l'encodage*

15. Historiquement, le type de ces aphasies est l'aphasie motrice ou aphasie de Broca telle, du moins, que la définissait cet auteur (puisque la révision ultérieure de P. Marie a conduit à une interprétation toute différente). Selon Broca « les malades entendent et comprennent tout ce qu'on leur dit; ils ont toute leur intelligence; ils émettent des sons vocaux avec facilité; ils exécutent avec leur langue et leurs lèvres des mouvements bien plus étendus et bien plus énergiques que ne l'exigerait l'articulation des sons, et pourtant la réponse parfaitement sensée qu'ils voudraient faire se réduit à un très petit nombre de sons articulés,

toujours les mêmes, et toujours disposés de la même maniè-re... Ce qui a péri en eux ce n'est pas la faculté du langage, ce n'est pas la mémoire des mots, ce n'est pas non plus l'action des nerfs et des muscles de la phonation et de l'articulation, c'est la faculté de coordonner les mouve-ments propres au langage articulé ». Bien que la question se pose de savoir si Broca définit ainsi une aphasie ou seule-ment le trouble dissocié connu sous le nom d'anarthrie, on n'engagera pas ici une discussion sur ce point. L'observa-tion de Broca sert seulement d'introduction à une typologie plus détaillée où le symptôme dominant est toujours un trouble de l'encodage ou de la programmation verbale. On rappellera cependant que, selon Broca, le siège de cette aphasie (ou aphémie selon sa propre terminologie) est le lobe frontal, et, tout particulièrement, la partie postérieure de la 3e circonvolution frontale (« le dogme de la 3e fronta-le » mis en cause ultérieurement par P. Marie). Les troubles associés sont les troubles de l'écriture et de la lecture; l'hémiplégie est constante.

16.   En fait, comme l'ont montré nombre d'auteurs par la suite. il n'y a pas une aphasie motrice, mais plusieurs qui diffèrent entre elles, sinon par la spécificité, au moins par leur degré de sévérité. La première peut être nommée syn-drome de désintégration phonétique (Alajouanine, Ombre-dane) ou bien, comme on l'a proposé plus récemment, aphasie de réalisation phonématique (Hécaen). Dans les formes les plus graves le langage est entièrement désintégré — le malade ne parle plus ou n'émet que quelques sons inarticulés. Dans les formes ordinaires, le malade ne dis-pose que d'une seule syllabe ou de syllabes associées dé-pourvues de sens (le premier sujet observé par Broca ne prononçait que le seul vocable Tan), souvent aussi les mots *oui* et *non* — mais ces derniers sont utilisés de façon généra-

lement inadéquate. Enfin, à un moindre degré de perturbation, certains malades conservent un vocabulaire réduit utilisé en toutes circonstances (stéréotypies) et subissant de nombreuses altérations. On note que dans les états d'agitation et de surexcitation émotionnelle ces sujets ont des émissions verbales occasionnelles correctement prononcées, le plus souvent exclamatives (ordinairement des jurons, exceptionnellement des fragments de phrases ou des phrases entières non conservées ultérieurement). La mélodie du langage — c'est-à-dire l'intonation, le rythme, les flexions de l'expression émotionnelle — n'est pas altérée, ce qui permet un certain contact avec l'entourage familier. Les troubles associés affectent l'écriture ou la composition graphique (lorsque, pour pallier les difficultés praxiques de ces sujets, on utilise des cubes alphabétiques) et le calcul. Les perturbations de la lecture sont moindres ou nulles. La caractéristique dominante de cette aphasie est donc un déficit massif de l'expression orale et graphique. Ce déficit peut avoir une incidence sur la compréhension du langage d'autrui au moins dans la phase d'installation du trouble, mais la récupération à cet égard est généralement satisfaisante.

17.   La deuxième forme diffère de la précédente par une sorte de déplacement du trouble observé. La réalisation phonématique n'est plus en cause, mais c'est la réalisation de la phrase du point de vue grammatical. On nommera cette forme : aphasie agrammatique. Bien que les possibilités d'élocution soient peu altérées et que la lecture et la compréhension verbale aient été conservées, le malade n'utilise dans son propre discours que des mots isolés sans liaison grammaticale (particules de liaison inexistantes ou dissociées du contexte, verbes à l'infinitif). La phrase est disposée en une suite de mots, sorte de séquence pointil-

liste. En outre, à la différence des aphasiques du premier type les erreurs éventuelles d'énonciation ne portent pas sur les éléments initiaux mais terminaux des signes verbaux utilisés, et ces erreurs sont plus fréquentes pour les mots complexes, à plusieurs syllabes, que pour les mots simples. La pauvreté des schèmes syntaxiques entraîne évidemment une réduction du stock verbal théoriquement disponible (mots grammaticaux moins souvent utilisés que les autres). Le langage agrammatique est un langage à l'économie. C'est un langage d'énonciation non de commentaire. Pour ainsi dire le sujet agrammatique épelle une situation à l'aide de mots mais il n'est pas en mesure de passer, verbalement, au stade de l'interprétation.

18.   La troisième forme, bien que, apparemment proche de la précédente en ce que le processus d'organisation de la phrase est également déficient, s'en distingue pourtant par des traits spécifiques. Il faut remarquer, du reste, que selon Wernicke qui en a postulé le premier l'existence (avant que de nombreuses observations viennent en confirmer la réalité clinique) cette aphasie se différencie également des précédentes par son siège lésionnel qui se situerait au niveau de l'insula et affecterait les fibres d'association entre les aires auditives et motrices. D'où sa dénomination en termes classiques : aphasie de conduction. Elle comporte les traits suivants : troubles de l'élocution spontanée et de la répétition, troubles de la lecture et de l'écriture, sans altération de la compréhension verbale. Mais le trait dominant est l'incommodité et l'incertitude du discours ; la phrase reste à l'état d'ébauche, les éléments propositionnels sont mal reliés ; le contexte est haché par fragments avec de nombreux éléments paraphoniques. L'altération porte à la fois sur la qualité sémantique et sur la qualité syntaxique. On peut donc concevoir cette aphasie comme une forme spécifique

de désorganisation dans le cadre général des troubles de l'encodage et la définir non plus seulement sur son versant anatomique comme aphasie de conduction, mais sur son versant clinique comme trouble de programmation de la phrase (Hécaen). On remarquera aussi que ce type d'aphasie est à rapprocher de la forme d'aphasie dynamique décrite par Jakobson selon la dichotomie limitation-désintégration et définie par Luria comme « dissolution de la fonction régulatrice du discours » (on reviendra par la suite sur l'analyse de Jakobson).

B. *Groupe des aphasies de sélection*
avec trouble dominant
dans l'évocation des morphèmes

19. Sous le nom d'aphasie amnésique (ou d'aphasie dysmnésique d'évocation) Pitres a décrit à la fin du siècle, reprenant d'ailleurs des vues antérieures de Trousseau, une forme de perturbation du langage qui peut servir de modèle historique au groupe des aphasies dominées par un trouble de l'évocation. Pitres, rapportant l'une de ses observations, s'exprime ainsi : « La malade comprend parfaitement ce qu'on lui dit. Elle peut lire à haute voix aussi bien l'écriture imprimée que la cursive. Elle prononce avec une articulation irréprochable tous les mots qu'on la prie de répéter. Elle est capable de parler. Son vocabulaire est assez riche pour qu'elle puisse exprimer à peu près tout ce qu'elle pense. Cependant, il lui arrive souvent d'être arrêtée au milieu d'une phrase parce que le mot nécessaire pour revêtir sa pensée lui échappe... Si elle ne le trouve pas elle s'efforce de suppléer à son absence par des périphrases. Elle reconnaît très bien les objets qu'on lui présente... mais parfois, elle s'aperçoit à sa grande surprise qu'elle a oublié les noms des objets les plus vulgaires... » Selon Pitres, le

siège de la lésion produisant l'aphasie amnésique se situe au niveau du lobe pariétal inférieur; mais cette localisation n'est pas stricte; on peut admettre une topographie plus large englobant les atteintes, en divers points, de fibres commissurales d'association. On retiendra surtout que le trouble dominant réside en une incapacité à sélectionner ou à évoquer des mots selon les intentions du malade et conformément à des situations dont il a, par ailleurs, l'entière compréhension. «Le malade ne parle pas (ou parle mal) disait déjà Trousseau parce qu'il ne se souvient pas des mots qui expriment sa pensée.»

20. A la suite des observations de Pitres la question de savoir si l'aphasie amnésique comporterait plusieurs aspects ou à la limite plusieurs variétés a été posée par divers auteurs (nous passons sur le fait que d'autres, en particulier P. Marie et Ch. Foix ne lui reconnaissent pas de caractère spécifique et la considèrent comme une forme transitoire de l'aphasie de Wernicke). Selon Goldstein qui l'interprète en termes de déficit de la mentalité catégorielle ou de la réalisation de la pensée abstraite en mots, il est au moins nécessaire de la distinguer sous sa forme authentique (oubli du sens des mots plus que des mots eux-mêmes) d'autres formes caractérisées soit par un déficit des instrumentalités du langage, soit par un trouble mnésique de caractère général. Dans le premier de ces cas l'aphasie est moins une aphasie amnésique qu'une aphasie déterminée par des troubles élocutoires ou sensoriels; le mot est altéré, mais il n'est pas oublié. Dans le second cas, l'aphasie n'est qu'une manifestation, particulièrement observable au niveau du langage, d'une amnésie plus générale provoquée par diverses causes (traumatismes, sénilité). Le critère de distinction entre l'amnésie pour le langage et les autres troubles qui la simulent serait, selon Goldstein, que, dans le

premier cas les détours par périphrases sont fréquents et constants tandis qu'ils seraient rares dans tous les autres cas. Mais l'hypothèse fondamentale de Goldstein selon laquelle l'aphasie amnésique serait imputable à un déficit d'abstraction a été contesté par d'autres auteurs qui ont montré la possibilité d'un comportement catégoriel chez des aphasiques amnésiques.

21. Il semble qu'une classification véritable doive se fonder sur la détermination de mécanismes différents dont les altérations seraient diversement responsables de l'amnésie des mots. On doit remarquer ici qu'un auteur assez méconnu comme Grashey (1885) a ouvert une voie intéressante à l'analyse expérimentale en suggérant que l'aphasie amnésique serait due à une diminution de la durée des impressions sensorielles d'où résulteraient des troubles de l'aperception et de l'association. Effectivement des recherches récentes (Newcombe, 1964), montrent que la latence d'évocation des mots est toujours plus élevée chez les aphasiques que chez les sujets normaux. L'incapacité du malade à maintenir durant un temps déterminé la représentation d'un objet entraînerait un disynchronisme entre l'objet évocateur et son signe, et, par conséquent, à la limite, une perte du mot résultant de la perte de représentation de l'objet. Or, la perte de la représentation de l'objet peut être liée à des déficits sensoriels variables (visuels, auditifs, tactiles). Dans ce cas le syndrome de l'aphasie amnésique pourrait être répertorié par référence à la sensibilité principalement atteinte. L'élément déterminant ne serait plus le déficit de la mentalité catégorielle, mais la dissociation d'une sensibilité et l'absence de synchronisation entre représentation et évocation. Ces remarques conduisent, du reste, directement à l'examen du troisième groupe des aphasies caractérisées par des troubles de la réceptivité.

C. Groupe des aphasies de sélection
avec trouble dominant dans le décodage
de l'information sensorielle

22. Historiquement, le modèle de ces aphasies est fourni par l'aphasie dite de Wernicke (quelle que soit l'interprétation doctrinale, d'inspiration associationniste, proposée par cet auteur). Cette aphasie, exempte de troubles articulatoires, se caractérise par des perturbations portant sur tous les autres aspects du langage. La parole spontanée est abondante, mais inadéquate dans l'usage du vocabulaire et fort désordonnée dans la composition de la syntaxe. C'est, en somme, la fonction d'organisation du discours qui est gravement altérée sous la forme d'un jargon à la limite, incompréhensible. Parallèlement, la capacité de réception interprétative de la parole d'autrui est largement compromise. De même que l'aphasique ne parvient que difficilement à se faire comprendre (sinon par la gesticulation et les mimiques d'accompagnement particulièrement appuyées), de même il ne comprend que difficilement les messages de son entourage. Cette jargonophasie et cette surdité verbale s'accompagnent de troubles aussi massifs pour ce qui concerne la compréhension et l'exécution correcte du langage écrit. Point d'empêchement moteur, ici, mais des distorsions orthographiques et syntaxiques constantes. D'autres troubles associés d'ordre idéo-praxique ou touchant le calcul, le sens musical, la reconnaissance des objets et des formes, et particulièrement le sens spatial, entrent dans la constellation de ce syndrome, mais non pas de façon constante. Enfin, la détérioration intellectuelle est fréquente, mais à cet égard les interprétations des auteurs sont divergentes selon qu'ils se rangent dans le groupe des noéticiens (l'aphasie serait un trouble du

comportement en général, y compris de l'intelligence et de la fonction symbolique) ou dans le groupe des antinoéticiens (l'aphasie serait un trouble du seul instrument verbal susceptible de retentir secondairement sur les opérations de la pensée). Du point de vue neurologique les troubles associés sont l'hémianopsie et à un degré léger et inconstant l'hémianesthésie. Le point focal des lésions responsables siège dans la partie postérieure des première et deuxième circonvolutions temporales.

23. Comme on vient de le voir le modèle de Wernicke connote un syndrome complexe dans lequel apparaissent tous les déficits et troubles du langage (à l'exception des troubles de l'articulation) et diverses perturbations associées. On y peut distinguer cependant trois caractéristiques principales : un trouble de la réception sensorielle correspondant à une imperception du langage d'autrui quant à son sens; un trouble de la compréhension verbale correspondant au fait que, même si le malade perçoit le sens du discours il est incapable de l'ordonner mentalement et de le réaliser en actes (incapacité à exécuter des ordres donnés verbalement ou par écrit); un trouble dynamique de l'intentionnalité correspondant à une désadaptation (ou désorganisation, ou dispersion) de l'attention. Des contaminations se produisent évidemment entre ces trois traits et contribuent réciproquement à l'aggravation du syndrome global. Toutefois comme tel ou tel est habituellement dominant par rapport aux deux autres, cette circonstance permet de distinguer trois formes principales des aphasies sensorielles ou aphasies de sélection.

24. L'aphasie avec prédominance de surdité verbale se décèle particulièrement dans les épreuves de répétition. Les erreurs commises sont constantes et caractérisées non pas par des altérations du modèle verbal pro-

posé mais par des séquences sonores sans nul rapport avec le modèle. Le trouble n'est pas d'ordre articulatoire car les énoncés du malade sont constitués (même privés de sens) par l'association de phonèmes appartenant à la langue. Par ailleurs, dans l'expression verbale spontanée, si des paraphasies se manifestent, la ligne générale du discours, l'intentionnalité du thème sont préservées; le malade conserve une relative maîtrise de sa pensée. On remarque en outre, ce qui est bien significatif de la nature du trouble prédominant que, si la compréhension verbale orale est nulle, la compréhension lexique se maintient à un niveau suffisant pour assurer la communication avec autrui.

25. L'aphasie avec prédominance d'incompréhension verbale se distingue fort nettement de la précédente. En effet, dans les épreuves de répétition, les énoncés même altérés restent phonétiquement en rapport étroit avec le modèle; on assiste à des permutations et à des transformations consonnantiques et syllabiques, mais non à des paraphasies sévères. En revanche, dans l'expression verbale spontanée, la ligne du discours est caractérisée par l'instabilité et l'inachèvement; les séquences verbales se succèdent sans ordre. Le malade est atteint de jargonophasie et d'anosognosie (non-conscience de la part du sujet du caractère anormal de son langage). En outre, à l'inverse des caractéristiques manifestées dans la forme précédente, les troubles lexiques sont similaires aux troubles de la compréhension orale, tandis que les troubles graphiques dans l'écriture sous dictée restent mineurs. Enfin, la compréhension, et, par conséquent l'exécution des ordres donnés verbalement ou par écrit, sont fort altérées — en particulier lorsque l'exécution requiert une programmation d'actes pris dans une séquen-

ce. Le symptôme dominant est donc la distorsion des valeurs sémantiques du langage bien que la réception des signes verbaux soit relativement peu altérée.

26. L'aphasie avec prédominance d'un trouble de l'intentionnalité attentionnelle (désorganisation attentionnelle de Hécaen et Dubois) se caractérise sous les deux aspects de la distractibilité et de la persévération. On n'observe pas de trouble majeur de la réception et de la compréhension verbale. En revanche, la distractibilité se révèle dans les traits suivants : le malade ne parvient pas à achever une phrase commencée; les séquences verbales se succèdent comme dans une série d'emboîtements à parenthèses non fermées; chaque terme employé est susceptible d'orienter le discours vers un thème nouveau. Tout se passe comme si le malade était distrait de ce qu'il a l'intention de dire par cela même qu'il est en train de dire. La persévération peut être considérée comme un phénomène récurrent de la distractibilité; en effet, le malade tend à réitérer les énoncés d'autrui comme ses propres énoncés, essayant ainsi de maîtriser, sans jamais y parvenir, l'intention initiale de son discours. On peut voir dans cette forme d'aphasie particulièrement curieuse un trouble de la dynamique des attitudes mentales nécessaires à la réalisation de la pensée en mots.

3. DE QUELQUES AUTRES CLASSIFICATIONS

27. La classification proposée ci-dessus se fonde sur la distinction de groupes anatomo-cliniques rapportés pour l'essentiel à la structure bipolaire du langage selon la dichotomie dessinée par les linguistes (Jakobson). On a pu distinguer ainsi des troubles de la contiguïté ou de l'encodage qui mettent en cause l'axe syntagmatique du langage et des troubles de la similarité ou du décodage

qui mettent en cause l'axe paradigmatique du langage, soit dans les opérations mnésiques, soit dans les opérations de la réceptivité sensorielle. (L'analyse psycholinguistique sera reprise, du reste, ultérieurement). Mais, pour la commodité du lecteur, il paraît souhaitable d'évoquer brièvement ici quelques autres classifications s'appuyant soit sur des critères moteurs et sensoriels, soit sur des critères cliniques, soit sur des critères combinés, à la fois anatomiques, cliniques et psychologiques. La classification de Kleist (1933) fournit un bon exemple de la première méthode; Kleist distingue sur le plan moteur quatre formes correspondant à des degrés différents de sévérité : une mutité pour les sons de la parole (ou, en d'autres termes, une aphasie anarthrique ou un syndrome de désintégration phonétique), une mutité pour les mots (sorte de paraphasie altérant les séquences verbales sans les détruire complètement), une mutité pour les sons verbaux en tant que noms (les noms verbaux sont prononcés dans la répétition et dans la lecture, mais le sujet ne sait pas les employer intentionnellement pour exprimer sa propre pensée), une mutité pour la composition de la phrase (agrammatisme). Sur le plan sensoriel Kleist distingue quatre formes similaires : surdité des sons verbaux (ou surdité verbale classique), surdité verbale (ou désordre dans l'aperception des séquences sonores significatives), surdité pour les noms (ou trouble de la compréhension des noms associés à des troubles de l'évocation), surdité pour les phrases (ou trouble de la compréhension d'un contexte). Bien que cette progressivité et cette symétrie paraissent quelque peu artificielles elles constituent cependant un abrégé commode.

28.   La classification de Head (1926) consiste en la distinction de quatre types cliniques définis par référence à

différents niveaux de l'exercice du langage. L'aphasie verbale est caractérisée par l'impossibilité ou la difficulté de prononcer des mots (elle correspond à l'aphasie motrice de Broca); l'aphasie syntactique est un trouble de l'arrangement des mots en phrases (elle correspond à l'agrammatisme); l'aphasie nominale est un trouble de la compréhension des valeurs sémantiques et symboliques du langage (elle correspond à une aphasie de Wernicke avec troubles de l'évocation); l'aphasie sémantique est caractérisée par la difficulté à saisir l'intention d'un ensemble, d'une action, d'une phrase (elle correspond à une forme d'aphasie proche de l'aphasie dynamique de Luria). L'intérêt de la classification de Head réside dans la progressivité de sa conception. Si l'aphasie en général est essentiellement un trouble de la formulation symbolique, cette formulation peut être atteinte à des niveaux différenciés, ce que Head s'est efforcé de mettre en évidence par l'utilisation du test main, œil, oreille — test dans lequel le sujet est invité, soit par imitation, soit sur consigne, à utiliser soit sa main droite, soit sa main gauche pour toucher œil droit ou œil gauche, oreille droite ou oreille gauche.

29.   La classification sur critères mixtes de Goldstein (1948) ne possède ni la rigueur symétrique, ni la progressivité homogène de l'une ou l'autre des deux précédentes. Mais elle s'efforce de serrer la réalité au plus près sous ses aspects multiformes. Goldstein distingue des formes correspondant aux deux pôles expressif et réceptif du langage et ces formes sont tantôt des troubles dissociés, tantôt des aphasies proprement dites, mais il distingue en outre des formes autonomes plus ou moins complexes, parmi lesquelles une aphasie centrale (correspondant à l'aphasie de conduction) une aphasie amné-

sique et des aphasies transcorticales motrice ou sensorielle. En outre, une mention spéciale doit être réservée à des altérations du langage résultant d'une atteinte de processus mentaux non-verbaux. On reconnaît ici la thèse propre à Goldstein selon laquelle les troubles du langage sont toujours en rapport avec une altération primaire de l'attitude intellectuelle globale, ou, en d'autres termes, avec un déficit de la mentalité catégorielle. Quelle que soit l'inadéquation de la nomenclature de Goldstein au moins du point de vue formel, elle a le mérite de souligner le rapport éventuel de l'aphasie avec les désordres et le rétrécissement du comportement en général, et, par conséquent de poser le problème en termes d'analyse psychologique.

30. La diversité des classifications à propos de l'aphasie, même mis à part les présupposés doctrinaux de leurs auteurs, montre qu'il n'est pas possible, dans l'état actuel des connaissances, d'atteindre à une nosologie exhaustive parfaitement pertinente. Mais cette relative indétermination tient également au caractère polyvalent des fonctions cérébrales pour le langage. S'il est vrai que certains pôles cérébraux ont un caractère fonctionnel très structuré (ainsi de la zone de Broca pour la fonction articulatoire, ou de la première temporale à proximité du gyrus de Heschl pour la perception auditive, ou du pli courbe pour la perception lexique) d'autres zones intérieures au quadrilatère du langage sont fonctionnellement polyvalentes. Aussi, dans le premier cas, même des lésions de faible étendue peuvent produire des troubles d'une espèce déterminée, quelquefois purs, alors que des lésions de plus grande étendue intervenant dans les zones plurifonctionnelles peuvent produire des troubles mélangés et d'intensité variable imputables à un effet de masse

plutôt qu'à un effet ponctuel. A cela, il faut ajouter que
«l'organisation de ces zones à fonctions multiples dépend
certainement assez largement de caractéristiques propres
à l'individu déterminées elles-mêmes partie par son héré-
dité, partie par l'histoire du développement de son langage. En tenant compte de tous ces facteurs on comprendra mieux la variété des formes de l'aphasie et, du même
coup, leurs possibilités tout aussi variées de récupération» (Tissot). A cet égard, on doit insister aussi, comme
l'avait fait Moutier, sur l'extrême variabilité des distribu-
tions artérielles, en particulier sur le territoire sylvien,
d'où résultent des lésions très différentes dans leur complexité pour une atteinte d'un tronc artériel donné, suivant le type topographique (d'après Piéron).

4. FORMES PARTICULIERES D'APHASIE

30. On appelle aphasie de l'enfant un trouble du langage se manifestant après le développement de la compréhension et de l'expression verbales. Les causes de ce
trouble sont, soit des traumatismes, soit des atteintes in-
fectieuses, soit des tumeurs cérébrales (une distinction
s'impose avec les formes d'audimutité infantile qui sont
imputables à des affections cérébrales congénitales et que
l'on dénomme assez fâcheusement aphasies congénitales). L'aphasie de l'enfant révèle de nettes différences —
mais aussi, sous certains aspects, des similitudes — avec
l'aphasie des adultes. Les différences tiennent essentiellement au fait que le système nerveux de l'enfant étant en
maturation offre des possibilités de récupération et de
compensation plus fréquentes et plus étendues que chez
l'adulte. Toutefois, l'opinion classique selon laquelle les
troubles aphasiques chez l'enfant seraient exceptionnels
se trouve démentie par de nombreuses observations. Ce

n'est point tant par sa rareté que par son évolution et par l'absence de certains traits que l'aphasie de l'enfant se distingue de celle de l'adulte. Le trouble dominant se présente sous deux aspects souvent liés : expressif et graphique. L'absence du langage spontané, le manque d'inclination à parler sur sollicitation, la pauvreté du vocabulaire, le style agrammatique, les dysarthries composent l'essentiel du tableau clinique combiné avec les grandes difficultés de l'exécution graphique sous dictée. En revanche les désordres du langage tels que la logorrhée, les paraphasies, la jargonophasie, la surdité et l'incompréhension verbale sont rares, voire inexistants. Il est donc clair que l'aphasie de l'enfant touche le pôle expressif du langage à l'exclusion (sauf cas exceptionnel) du pôle réceptif. D'autre part, le pronostic de récupération est bien meilleur qu'il ne l'est chez l'adulte et avec une probabilité d'autant plus élevée que l'enfant est plus jeune. Comme certaines lésions sont irréversibles on est en droit de postuler que la régression du trouble est liée à la plasticité du cerveau et à la possibilité de suppléances fonctionnelles prises en charge par l'hémisphère sain. La liaison entre récupération fonctionnelle et maturation nerveuse paraît donc évidente. Ce n'est, en fait qu'à partir de 13-14 ans que les symptômes aphasiques observés se rapprochent de ceux de l'adulte et que les possibilités d'amélioration s'atténuent. On notera à ce propos, d'après Lenneberg que, si un tiers environ des adultes jeunes sont susceptibles de guérison après atteinte aphasique, une proportion équivalente manifeste des troubles durables et probablement définitifs.

31.   La question de l'aphasie chez les gauchers a été examinée précédemment du point de vue anatomique (V. ch. II, § 25-26). On précisera simplement ici, du point de

vue clinique, que le trait dominant de l'aphasie chez les gauchers étant l'ambicérébralité, la symptomatologie des troubles observés est à la fois plus fréquente, plus diffuse et plus atténuée que chez les droitiers tandis que les possibilités de récupération sont meilleures. On distingue un syndrome hémisphérique gauche dans lequel les perturbations du langage sont similaires de celles des sujets droitiers, les troubles de la compréhension verbale étant moins marqués que ceux de la lecture; un syndrome hémisphérique droit dans lequel la fréquence des troubles du langage oral et écrit est relativement plus élevée que chez les droitiers ayant subi une atteinte du même hémisphère. En règle, les troubles du pôle expressif sont plus fréquents que ceux du pôle réceptif, mais ils sont aussi moins intenses et susceptibles dans de nombreux cas d'une régression rapide. Aussi bien la fréquence plus forte des troubles que la fréquence plus forte des améliorations semblent ne pouvoir s'expliquer que par un jeu plus aisé des suppléances résultant de l'ambicérébralité. Selon Hécaen et Ajuriaguerra « il faut considérer que les dispositifs de l'hémisphère droit assurent la réalisation quasi normale des performances conservées, soit déjà avant la maladie, soit seulement lorsque l'hémisphère gauche a été mis hors de fonction ». Ces auteurs écrivent également que : « Dans la majorité de leurs fonctions, les circonvolutions rétrorolandiques de l'hémisphère droit paraissent intervenir en totalité comme si elles étaient le siège d'une organisation globale, peu différenciée et polyvalente... »

32. On peut citer à titre de curiosité clinique les cas d'aphasie chez les polyglottes et chez les sourds-muets. En ce qui concerne les polyglottes, si l'on se réfère à la loi d'oubli sémantique de Ribot, selon laquelle l'oubli des

mots se fait des acquisitions les plus récentes aux plus anciennes, ou, plus généralement, des formes linguistiques les moins familières à celles qui le sont le plus, on doit postuler qu'un aphasique conservera mieux l'usage de sa langue maternelle que celui d'autres langues apprises plus tardivement. En fait, on observe de nombreuses exceptions à cette règle. Halpern a signalé par exemple que trois de ses malades aphasiques récupéraient la langue hébraïque qu'ils avaient apprise récemment beaucoup plus rapidement que leur langue maternelle — et ceci, bien que l'hébreu, langue dépourvue de voyelles présentât à la lecture beaucoup plus de difficultés objectives que le français ou l'anglais. Ces particularités peuvent s'expliquer par le fait que l'aisance dans l'usage d'une langue n'est pas liée uniquement à l'ancienneté de son apprentissage. Plusieurs autres facteurs interviennent qui renvoient d'une part aux motivations personnelles du sujet (préférence pour la langue de culture), aux pressions du milieu professionnel ou social (nécessité, dans certains cas, d'utiliser la langue apprise plutôt que la langue maternelle) modalités d'apprentissage variables en rapport avec la nature du trouble aphasique ultérieurement constaté (une langue apprise par lecture sera mieux conservée que la langue maternelle apprise initialement par imitation orale, si le sujet présente des troubles de l'articulation non accompagnés d'agraphie et d'alexie). Toutefois, des observations plus récentes (1965) semblent montrer que des perturbations communes affectent les diverses langues connues du malade, indépendamment des conditions particulières de leur apprentissage et de leur usage affectif, social, culturel.

33. Les cas de sourds-muets atteints de lésions cérébrales présentent un intérêt particulier car ce qui est en

cause avec ces sujets n'est plus l'audition, l'expression et la compréhension des sons verbaux, mais l'exécution et la compréhension du langage comme gesticulation intentionnelle et symbolique. En d'autres termes l'aphasie du sourd-muet ne peut porter que sur la forme conventionnelle de la communication ou sur un code et non sur un contenu oral. Toutefois, de tels cas sont exceptionnels et l'on ne peut dégager une formule symptomatologique générale à partir de quelques observations isolées. Il reste que les troubles de l'expression manuelle (dactylologique) se produisent après lésions des zones cérébrales correspondant au quadrilatère de l'aphasie chez les sujets entendants. En outre, une dissociation existe entre la gesticulation symbolique en général (qui reste préservée ou qui se récupère plus aisément) et la gesticulation proprement dactylologique (qui est annulée ou fortement perturbée bien qu'il n'existe aucun trouble de nature apraxique). On doit donc conclure à une asymbolie exclusive ou très largement dominante pour les seuls signes du langage. On peut rapprocher de ces cas l'observation de Gloning sur un aveugle lisant le braille et écrivant couramment à la machine, et qui, après atteinte cérébrale, présente une alexie verbale classique (difficultés à lire les lettres isolées et plus encore les mots bien que sa palpation avec la main droite soit bonne) — (d'après Tissot).

34. L'analyse des données anatomiques et cliniques qui a fait l'objet des deux précédents chapitres a permis de poser la question de l'aphasie en termes de fonctionnement cérébral. L'aphasie consiste en une perturbation du langage en général avec tel ou tel symptôme dominant, par suite de lésions déterminées du territoire cérébral. Sous cet aspect, plusieurs de ses manifestations considérées isolément peuvent être rattachées à des trou-

bles plus généraux désignés par les termes d'apraxie et d'agnosie. C'est ainsi que l'anarthrie et l'agraphie peuvent être comprises comme des troubles de la sphère des praxies spécialisées pour le langage, et, de même, la cécité verbale et la surdité verbale comme d'autres troubles spécialisés de la sphère des gnosies. Cependant l'affirmation d'une dépendance totale du langage à l'égard des praxies et gnosies paraît contestable, en particulier, si l'on prétend assigner toute l'opérativité du langage à des centres cérébraux déterminés. Le cycle d'élaboration du langage est d'une trop grande complexité pour être réduit aux seules opérations d'actualisation. C'est à juste titre que l'on cite fréquemment la remarque de Jackson selon laquelle : « Localiser la lésion qui détruit le langage et localiser le langage sont deux choses différentes ». Comprendre par quel mécanisme, selon quelles voies, sous quelles formes, la lésion perturbe le langage, est, évidemment, le problème essentiel posé par l'aphasie. En termes psychologiques, ce problème est celui des rapports des opérations du langage et des opérations de la pensée. Outre l'altération des composantes sensorimotrices, l'accent doit être mis sur l'altération des opérations symboliques et sur les divers aspects des modifications atteignant, soit d'autres fonctions psychiques et attitudes mentales, soit le comportement sous ses aspects les plus généraux.

DEUXIEME PARTIE

LES INTERPRETATIONS

Psychologie et Psycholinguistique

L'APHASIE ET L'INTELLIGENCE

1. POSITION DU PROBLEME

1. Comme on l'a vu précédemment l'interprétation dominante à propos de l'aphasie a été, dans le dernier tiers du XIXe siècle, une interprétation anatomiste et associationniste. On constate l'existence d'une carence déterminée : la perte du langage ou sa perturbation sous différentes formes. On rapporte cette carence à une lésion déterminée de l'hémisphère cérébral. Cette lésion affecte de toute évidence des processus d'ordre moteur (articulation, élocution) ou d'ordre sensoriel (réception, appréhension), de sorte que les variétés d'images correspondant à ces processus se trouvent elles-mêmes dissociées, altérées ou abolies. Mais de tels troubles spécifiques ne sauraient être considérés comme des signes de l'affaiblissement ou de la dissolution d'autres fonctions supérieures. Car, ou bien ces fonctions se maintiennent effectivement intactes (à moins que, dans la logique du système, d'autres centres leur correspondant en propre n'aient été également atteints — d'où les conceptions confuses de centres d'idéation ou de centres de l'intelligence telles qu'on les trouve à l'époque des « schémas » chez des auteurs comme Broadbent ou Charcot) ou bien, si elles sont altérées sans atteinte de leurs centres propres ce ne peut être que dans la mesure où leur exercice normal implique l'utilisation du langage. Il faut donc dire que si les conduites intellectuelles de sujets aphasiques paraissent troublées ou en régression ces insuffisances ne sont dues qu'aux altérations sensori-motrices qui, limitant le langa-

ge, gênent du même coup le cycle d'élaboration et la mise en forme de la pensée. Ainsi, dans la doctrine dominante, la diminution intellectuelle constatée chez les aphasiques ne dépend que du retentissement sur la sphère mentale des troubles du langage considérés comme exclusifs. Lotmar écrit par exemple que les troubles aphasiques sont, non pas «le résultat d'un déficit intellectuel, mais un déficit autonome qui agit par contre-coup sur l'intelligence à laquelle il enlève un de ses meilleurs instruments de travail». La controverse sur ce point ne commence réellement que lorsque des auteurs que l'on a rangés sous la dénomination de noéticiens affirment, à l'inverse, que les déficits constatés sont attribuables à une perturbation originaire des pouvoirs de l'intelligence, cette perturbation se manifestant en particulier dans les désordres du langage.

2. L'interprétation noéticienne à laquelle il faut rattacher le nom de Pierre Marie — avec, toutefois, plus de nuances qu'on ne le dit habituellement — peut se résumer ainsi: l'aphasie est un déficit intellectuel spécialisé portant «sur le stock des choses apprises par des moyens didactiques». Encore se développe-t-elle de façon bien plus radicale dans les thèses de Goldstein, auteur pour lequel l'aphasique n'est pas seulement «un homme dont le langage est modifié» mais «un homme modifié dans son comportement d'ensemble» (l'interprétation de Goldstein ne sera pas cependant exposée dans le présent chapitre car elle déborde largement le seul problème de la «diminution intellectuelle»). A l'opposé, dans la ligne des vues classiques antérieures, s'inscrit le jugement sévère de Wernicke: «Rien de pire ne pourrait arriver à l'étude de l'aphasie que de considérer les troubles de l'intelligence qui se présentent ici comme appartenant au ta-

bleau de la maladie». Le problème n'est donc pas tant de démontrer que l'intelligence est diminuée dans l'aphasie (bien que, historiquement, à l'époque de Pierre Marie, cette simple affirmation ait été violemment contestée, de même qu'elle avait été souvent négligée auparavant) que d'établir en quoi consiste cette diminution, et, à supposer qu'on l'établisse, de dire si elle est imputable à un trouble primaire ou à un trouble des instruments à l'œuvre dans le langage normal. Ce sont là des questions incommodes, non seulement en raison de la complexité des phénomènes étudiés et de la variabilité clinique des manifestations de l'aphasie, mais aussi parce que la position des auteurs, même indépendamment du vieil import philosophique de l'associationnisme, dépend en bonne part de leur conception générale des rapports de la pensée et du langage. Si les antinoétiens voient dans le développement du langage un style d'acquisition initialement indépendant de l'activité intelligente, au contraire les noéticiens voient dans les développements opératoires de l'intelligence (suivant, par exemple, en cela les vues de l'école piagétienne) la condition fondamentale des progrès du langage. Aussi bien, pour les uns le langage se constitue à distance de l'activité intellectuelle dont il doit devenir pourtant l'élément fécondateur, pour les autres le langage ne s'élabore qu'à proportion des opérations et des schèmes que construit une pensée en action dès avant la naissance du langage. Aussi comprend-on, dans cette dernière hypothèse, que l'altération des pouvoirs de l'intelligence, modifiant l'ensemble des comportements et des capacités du sujet, modifie du même coup son comportement linguistique.

3. Mais il faut remarquer par ailleurs que la position historique des thèses antinoéticienne et néoticienne s'ex-

plique également par deux sortes de considérations. D'une part, en effet, du point de vue doctrinal une convergence de fait existe entre la doctrine associationniste et la position antinoéticienne. En mettant au premier plan le compartimentage des fonctions mentales et le cloisonnement parallèle de l'organisation cérébrale, l'associationnisme s'oblige à séparer les troubles du langage des troubles de l'intelligence. Au contraire, la position noéticienne qui fut aussi, à l'origine, en particulier avec Bergson et Pierre Marie, une machine de guerre montée contre l'associationnisme, n'a aucun peine à admettre le caractère dynamique et holistique de l'activité mentale et, par conséquent, l'interpénétration des fonctions psychiques. Il est certain que cette circonstance historique a quelque peu vicié le débat en substituant parfois les sommations à l'argumentation, et les préjugés doctrinaux à l'examen scrupuleux des faits et à l'expérimentation. D'autre part, l'ordre de succession des découvertes sur l'aphasie a pu être également une source de malentendu. En effet, tandis que l'on ne considère que la forme d'aphasie définie en premier, c'est-à-dire l'aphasie de Broca, trouble moteur par définition, qui touche l'élocution, la faculté de coordonner la gesticulation orale, et parallèlement, la gesticulation manuelle spécialisée et musculairement très fine qui permet la formation graphique des lettres et des mots, aucune objection sérieuse ne semble pouvoir être adressée à la thèse antinoéticienne. Une telle aphasie ne saurait toucher directement les facultés de compréhension, et, en tout cas, elle n'est point sous leur dépendance. Il est vrai, certes que des aphasiques moteurs tombent communément dans une sorte de misère intellectuelle, faute de pouvoir communiquer et souvent aussi parce que leur entourage se lasse d'une communication à sens unique; mais c'est une conséquence de leur état, ce n'en est point initialement une caractéristique. Il est aisé de montrer qu'à défaut d'obtenir une récupération au plan verbal, on peut toujours éveiller la vigilance d'un aphasique moteur, que l'on peut l'intéresser à une conversation et que ses gestes, ses mimiques, ses exclamations mêmes, témoignent de sa pertinence, au moins relativement à des situations usuelles.

4. Seulement, toute aphasie n'est pas d'ordre moteur et l'on peut même se demander si un trouble exclusivement moteur existe, et s'il existe (comme le déclarent plusieurs auteurs), s'il ne constitue pas un déficit qui n'entre plus, en tant que tel, dans les catégories de l'aphasie. On retrouve ici le propos de Pierre Marie qui, ou bien excluait des troubles aphasiques intrinsèques la seule anarthrie, ou bien définissait l'aphasie de Broca comme le cumul de l'aphasie sensorielle et de l'anarthrie. De plus, lorsque l'on observe directement, sans parti-pris doctrinal, le comportement de sujets aphasiques — quelle que soit la forme particulière de leur trouble — l'impression ressentie, même très subjectivement, est que tous ces individus, et particulièrement, ceux qui n'ont pas perdu l'usage des mots mais l'aptitude à les organiser dans des propositions, c'est-à-dire, en fait, le sens du langage, présentent diverses distorsions et désadaptations non pas seulement dans les conditions organiques de la réception ou de la formulation, mais dans les conditions psychiques de la représentation. Un «quelque chose» semble les affecter qui, au-delà du sens du langage, touche des opérations de reconnaissance, d'intégration, de sériation, de détours concertés, ou en un mot, des opérations d'ordre. Toutes perturbations qui laissent supposer que si l'intelligence — terme générique — n'est pas absolument atteinte dans son ensemble, tel ou tel de ses aspects est susceptible de présenter des dégradations.

5. A cet égard on peut soutenir, à titre présomptif, l'argumentation suivante. La capacité d'exprimer une idée à l'aide de mots et de la communiquer de façon ordonnée, c'est-à-dire à la fois formellement correcte et matériellement compréhensible, soit pour un auditeur, soit pour le sujet lui-même qui doit « se retrouver » dans ses propres énoncés, suppose quelques démarches mentales préalables ou concomitantes à l'expression. Ces démarches sont habituellement très rapides (ce qui contraste d'ailleurs, comme on le verra plus loin, avec la lenteur anormale d'idéation chez les aphasiques) et en outre, elles restent le plus souvent à l'état implicite (ce pour quoi, et dans la mesure même où elles échappent à celui qui parle ou qui va parler, elles ne constituent point un obstacle à son élocution). On remarquera, par exemple, que des attitudes intérieures préparatoires sont nécessaires à la « circonscription » du thème qui fera l'objet du discours prochain; ou aussi bien à l'appréhension des personnes auxquelles le discours s'adresse selon leur qualité et leur pertinence. Ni les attitudes mentales, ni les initiatives, ni les stratégies intelligentes qui déterminent l'ordre et le contenu du discours ne sauraient être les mêmes selon que l'on s'adresse à un enfant ou à un adulte, à une personne cultivée ou à une personne sans culture. De même, la position mentale (et aussi affective) du locuteur change selon qu'il participe à une conversation ou selon qu'il s'adresse seul à son auditoire, en tenant compte, en outre, dans ce cas du degré de réceptivité de ses auditeurs. L'usage adéquat du langage — usage qui se situe toujours dans des conditions particulières de communications appropriées à des circonstances constamment variées, et non pas dans une condition formelle invariante — suppose donc une conduite d'adaptation par détours sans cesse renouvelés et sans cesse

orientés vers un but. Conduite d'adaptation à la couture de l'ordre et de l'initiative.

6. Comme le remarquait déjà Lordat, dans le stade qui précède la formulation proprement dite, se distinguent des étapes telles que « la circonscription de la pensée », le « dégagement de l'intention générale », « la compression ou l'oubli volontaire de tout ce qui pourrait gêner le sujet ». Bien que cet auteur se range explicitement dans le groupe de ceux qui voient dans l'aphasie un trouble limité au seul langage, ses observations n'en vont pas moins dans le sens où se marque une étroite liaison entre processus intelligent et processus verbal. La circonscription de la pensée, l'oubli volontaire, signalent une tension particulière de l'attitude mentale et, pour ainsi dire, une direction d'intention prise simultanément en charge par l'intelligence et par la volonté (comme on le verra plus loin, ces thèmes ont été développés ultérieurement par Binet et par l'école de Wurzbourg). Toute « pensée totale » qui constitue l'objet du discours à venir doit se distribuer en « pensées élémentaires » ou en un ordre successif dans lequel elle s'articulera progressivement selon les phases dynamiques de la parole. Dès lors, il ne saurait y avoir de langage exprimé sans un éclaireur averti qui le précède, sans une intelligence qui met de l'ordre dans l'univers mental du sujet et qui, parallèlement, conduit le processus de communication. Si donc, le cycle d'élaboration de la pensée à la parole comporte une séquence préverbale et si cette séquence est perturbée, c'est à l'ordre de la pensée et non à l'ordre de la parole que la perturbation doit être imputée.

7. Il reste que l'ordre de la pensée peut n'être atteint que dans l'une ou quelques-unes de ses opérations et non point dans leur totalité. On peut donc envisager des alté-

rations de certains processus intelligents — et peut-être davantage dans leur qualité que dans leurs mécanismes — plutôt qu'un déficit global de l'intelligence. Si, par exemple, un sujet aphasique se représente mieux les différences que les ressemblances dans une épreuve de recomposition d'une série chronologique à l'aide d'images et, parmi ces différences, celles qui sont concrètement ou affectivement les plus sensibles, on ne pourra conclure évidemment à une diminution de son intelligence, mais à une modification subtile de la qualité de son intelligence, ou même seulement de certains aspects de celle-ci. On retrouve ici par un chemin indirect l'observation particulièrement éclairante de Jackson : « Ne me demandez pas, dit cet auteur, si l'intelligence est altérée dans l'aphasie, mais regardons plutôt quels sont les aspects de l'intelligence qui peuvent y être perturbés ». En conséquence, si l'on se représente l'intelligence comme un mixte de traits, en termes de facteurs, de propriétés, d'opérations, on devrait pouvoir déterminer à l'aide d'épreuves appropriées lesquelles de ces instances sont lésées. Cette voie est, certainement, la plus féconde. Elle induit la pratique de l'observation clinique de cas individuels aussi bien que les méthodes systématiques de l'expérimentation. Pressentie et déjà mise en œuvre par Pierre Marie, elle s'est développée ultérieurement sous l'influence de Head, puis de Weisenburg et de Mc Bride et de tous autres auteurs procédant à une prospection des aspects intellectuels de l'aphasie à l'aide de tests ou à l'aide d'observations comparatives de type clinique. Toutefois, avant d'en venir à l'analyse directe de résultats mettant en évidence ou infirmant l'hypothèse d'une « claudication intellectuelle » dans l'aphasie un examen des arguments et des diverses interprétations noéticiennes s'avère indispensable.

2. POINTS DE VUE ET DOCTRINES:
DE LABORDE A PIERRE MARIE

8. A l'époque où s'engageaient les premières discussions sur la nature de l'aphasie (1863) Laborde, médecin contemporain de Broca et de Charcot s'élevait déjà contre l'interprétation, à son avis trop restrictive des anatomistes. «Avant de lui donner un nom, écrivait-il, et de lui assigner une base anatomique déterminée on ne s'est pas suffisamment préoccupé de définir par l'analyse le trouble fonctionnel très complexe qui constitue la lésion dite du langage articulé». C'était attirer l'attention des spécialistes sur la nécessité d'une étude clinique de l'aphasie que l'on avait négligée au profit de l'observation anatomique. On admettait trop aisément que l'intelligence des aphasiques est conservée alors que, peut-être, elle présente des altérations que, paradoxalement, la perte du langage dissimule au lieu de les révéler. En effet, selon Laborde «on est d'autant plus porté à considérer les aphémiques (désignation de Broca) comme intelligents qu'on les voit par une mimique très expressive suppléer à leur impossibilité de parler. A ne juger de l'état de leurs facultés intellectuelles que par les manifestations extérieures on serait entraîné à le regarder comme intact et même au-dessus de la moyenne normale en raison de leur situation morbide». Ainsi, le fait que les aphasiques parviennent dans une certaine mesure à compenser leur déficit par des manœuvres de suppléance — gesticulation, mimique — serait la meilleure preuve que leur opportunité intellectuelle est préservée. Du reste, personne ne saurait prétendre que ces sujets sont frappés de stupidité comme le sont des idiots ou des déments.

9. Sans doute, mais, poursuit Laborde, cette impression que l'intelligence est demeurée intacte est «une illu-

sion qui disparaît généralement si l'on vient à recourir à un autre critérium que celui de la mimique ou de la gesticulation». On citera, par exemple, les troubles parallèles de l'écriture où se manifestent «les mêmes impossibilités» et qui se caractérisent aussi bien par une sorte de débâcle de la syntaxe que par la déformation des mots, leur oubli ou leur inadéquation. Mais également, comme d'autres auteurs en ont fait l'observation par la suite, les troubles du comportement dans l'exécution d'un ordre dès que celui-ci présente quelque complexité. Tout se passe alors comme si les consignes perdaient leur sens, soit en se contaminant l'une l'autre, soit en se mélangeant d'éléments adventices. Au-delà même des remarques de Laborde on peut interpréter ces constatations en disant que dès qu'un sujet aphasique est contraint de sortir de lui-même, de changer ses perspectives pour s'adapter à l'exigence d'autrui ou à une exigence didactique formelle, le contrôle intelligent de son activité lui échappe rapidement. Le cas est bien connu du sujet à qui l'on demande de montrer son nez ou ses oreilles à l'aide d'une main et qui peut réussir lorsque la consigne est aussi simple, mais qui échoue lorsqu'on lui précise qu'il aura à montrer son œil droit avec sa main gauche. Nouvel aspect ici de la dissolution des fonctions représentatives: l'organisation du sens de l'espace est alors gravement altérée (sans qu'il y ait nécessairement apraxie) — et c'est un point sur lequel on reviendra par la suite. Aussi, de telles observations suggèrent que l'altération du comportement de l'aphasique ne touche pas son seul comportement verbal; elle s'étend au comportement intelligent en général. Si bien, même, que par une sorte de retournement de cette assertion, on en vient à se demander si l'altération du langage n'est pas, tout simplement, la manifestation la plus apparente de l'altération de l'intelligence.

10. C'est cet état d'esprit, cette façon nouvelle d'envisager la question de l'aphasie que l'on retrouve développée et systématisée chez Trousseau dans ses leçons sur l'aphasie professées à l'Hôtel-Dieu et publiées au début de l'année 1864. Le thème général en est que les symptômes aphasiques ne sauraient se réduire à la seule perte du langage. Ainsi que l'avait déjà remarqué Laborde, si le trouble se bornait à une incapacité phonétique tout sujet aphasique devrait être capable de s'exprimer par écrit (ou, en cas de déficience de la motilité manuelle à l'aide de substituts de l'activité graphique tels que les cubes alphabétiques utilisés ultérieurement dans les essais de rééducation). Or, si de tels cas existent, ils n'en sont pas moins très rares, exceptionnels même, et de plus il s'agit de sujets dont l'aphasie n'a qu'un caractère transitoire. Dans tous les autres cas, et en particulier chez les sujets dont l'altération du langage a pris un caractère définitif, «l'impossibilité d'écrire est parallèle à celle de s'exprimer par la parole». Ou bien, le malade écrit un mot à la place d'un autre, ou bien il écrit n'importe quoi, n'importe comment, mots sans signification, signes sans forme identifiable. Il y a donc là une altération qui touche non point seulement la facture des mots mais leur représentation en tant que signes. C'est le sens même des mots qui est atteint. Comment ne pas conclure dès lors que le trouble affecte le pouvoir de représentation, ou en tout cas le pouvoir de mobilisation de la pensée en quête du terme adéquat, c'est-à-dire un acte de mémorisation intelligente?

11.   Du reste, d'autres faits d'observation peuvent être invoqués. L'exemple est courant d'aphasiques qui passent beaucoup de temps à «lire»; certes, si l'on s'en tient aux apparences, on aura l'impression devant certains su-

jets qu'ils lisent effectivement: certains parcourent la page dans l'ordre normal de la lecture, suivant même chaque ligne du doigt; il y a là, pourrait-on dire une lecture matérielle tout à fait comparable à celle d'un lecteur ordinaire. Mais cette impression d'une lecture normale se dissipe dès que l'on constate que ces sujets lisent inlassablement le même livre, la même revue, la même page, comme s'ils oubliaient à mesure ce qu'ils lisent ou comme s'ils ne saisissaient point le contenu de leur lecture. Une expérience aussi simple que probante consiste à lire à haute voix devant un aphasique les dernières lignes d'une page tandis que lui-même est invité à suivre le texte des yeux et à tourner la page à point nommé. Mais le sujet échoue, soit qu'il reste sans réaction, soit qu'il réagisse à contre-temps. Sa lecture est donc manquée; c'est une lecture privée de sens; lecture des yeux, peut-être, mais non point lecture intelligente. Trousseau signale, en outre des incapacités analogues à propos de l'expression gestuelle intentionnelle (imiter une action spécialisée) ou à propos du dessin (représenter un objet que le malade lui-même a su évoquer par la parole). Il apparaît donc au terme de ces constatations que le tableau clinique de l'aphasie est chargé pour tout ce qui concerne le déficit de l'initiative, de la représentation, de la mémorisation, bref pour tout ce qui touche l'intelligence. Toutefois, il faut noter que si l'intelligence est souvent atteinte dans son ensemble, elle peut ne l'être que dans certaines de ses modalités; dans ce cas des conduites spécialisées se maintiennent intactes en marge du déficit global.

12.   Pour en revenir au trouble le plus caractéristique, c'est-à-dire celui qui s'applique à l'exercice du langage, l'interprétation du Trousseau est qu'il s'agit d'un syndrome amnésique particulier: une amnésie des mots. Si

les malades ne parlent pas ou s'expriment mal, ce n'est point tant parce qu'ils ont des difficultés articulatoires ou sensorielles, que «parce qu'ils ne se souviennent pas des mots qui expriment leur pensée». Amnésie verbale par conséquent et non point simple trouble d'articulation; dislocation d'une mémoire spécialisée et non point désorganisation phonétique. Mais ici il faut dissiper une équivoque. On ne doit point se représenter la mémoire comme une fonction indépendante des activités intelligentes, non plus comme un réceptacle dans lequel les souvenirs des mots seraient déposés. La mémoire est une fonction dynamique en rapport avec le pouvoir de représentation et avec l'activité mentale en général. La mobilisation d'un souvenir suppose des manœuvres intellectuelles, tout un système de catégories (ou de «schèmes» au sens piagétien) étroitement liées aux initiatives et aux capacités d'assimilation d'un sujet. En conséquence, de deux choses l'une : ou bien un mot est effectivement oublié (lorsque par exemple le processus d'apprentissage n'a pas été suffisamment renforcé) ou bien un mot ne parvient pas à être évoqué parce que le sujet ne maîtrise plus suffisamment son activité mentale. C'est évidemment sous ce second aspect qu'il faut entendre l'interprétation de Trousseau. Les difficultés de la mémorisation sont le symptôme le plus clair d'un déficit des fonctions supérieures. Comme il l'écrit lui-même : «il n'y a pas seulement perte de la parole, il y a lésion de l'entendement». L'aphasique a perdu «les formules de la pensée». Ce qui revient à dire que le souvenir d'un mot n'est pas perdu en tant que souvenir sonore ou visuel, mais qu'il est perdu en tant que symbole. L'amnésie aphasique doit être comprise comme une asymbolie sémantique.

13. Précisément   cette   interprétation   devait   se

confirmer et se développer quelques années plus tard (1870) dans la conception proposée par Finkelburg. Cet auteur ayant étudié plusieurs cas d'aphasie, fort dissemblables, du reste, dans le détail de leurs manifestations, leur trouvait cependant un caractère commun, et selon lui, fondamental. Le trouble caractéristique de l'aphasie consisterait en l'atteinte des signes ou des symboles abstraits quels qu'ils soient. On doit remarquer ici que la symbolique propre au langage, c'est-à-dire l'ensemble des mots dont chacun désigne conventionnellement quelque chose, objet ou idée, n'est qu'un cas particulier d'une symbolique beaucoup plus générale regroupant des signes tels que sensoriels, moteurs, gestuels et assurant le relais entre les données sensibles et leurs représentations. Dans l'aphasie, selon Finkelburg, c'est cette fonction symbolique dans sa généralité qui serait atteinte. Et l'altération porterait aussi bien sur l'expression que sur la compréhension; pas plus que le sujet aphasique ne sait utiliser les signes il ne sait appréhender la signification de ceux qui lui viennent de son entourage. D'où le terme asymbolie que Finkelburg utilise pour désigner ce trouble et qui lui paraît mieux convenir finalement que le terme aphasie. Des diverses observations personnelles citées par l'auteur il ressort pour l'essentiel que des sujets aphasiques, présentant par ailleurs des traits personnels tout à fait différent (âge, culture, éducation, nature même du trouble constaté) se rejoignent dans la même incapacité à dépasser le niveau d'une adaptation matérielle ou concrète — dans laquelle ils excellent éventuellement — pour s'élever à l'ordre des signes.

14. Dans les années suivantes et jusque vers 1900 d'autres auteurs rendus plus attentifs aux troubles des aspects intellectuels du langage cherchèrent à trouver des

voies communes entre anatomistes et cliniciens. On peut citer Broadbent et son hypothèse d'un centre cérébral supérieur ou centre intellectuel du langage qui aurait pour fonction de coordonner la gesticulation orale et la conception de l'idée que cette gesticulation doit traduire adéquatement. Mais cette interprétation se heurte à l'objection que l'activité mentale est un tout et que l'on ne saurait concevoir un centre de l'intelligence au même titre que des centres visuels ou auditifs; car ceux-ci ont des organes qui leur correspondent à la périphérie de l'organisme, tandis que l'organe de l'intelligence est un organe central, le cerveau précisément. Même dans la perspective de l'associationnisme et de la psychophysiologie on devait reconnaître avec Munk, par exemple (1870) que «l'intelligence a son siège partout dans l'écorce cérébrale et nulle part en particulier». On peut citer également Kussmaul qui admettait le bien-fondé de l'interprétation de Finkelburg, écrivant même qu'entre «l'image sensible et le mot il existe un vaste champ de travail intellectuel qui doit toujours être mis à l'œuvre avant que le mot n'apparaisse». On doit citer enfin la tentative de synthèse de Dejerine (à partir de 1890) qui, d'abord, s'efforçait de décrire avec exactitude une zone du langage comportant trois centres distincts, mais qui, ensuite, soulignait les deux points suivants: toute altération de cette zone en un point quelconque entraîne une modification telle qu'elle retentit sur tous les modes du langage et non pas sur un seul (trouble dissocié); dans toute aphasie, même dans la forme articulatoire ou motrice «l'intelligence est lésée».

15. La synthèse de Dejerine ne constituait pas pour autant une innovation; plutôt, elle tenait la balance égale entre anatomistes et cliniciens. Elle s'accordait avec les uns pour reconnaître que l'atteinte aphasique peut

s'exercer en plusieurs sièges déterminés. Elle admettait avec les autres que l'aphasie n'est pas uniquement un trouble spécialisé pour le langage mais un trouble étendu à l'activité mentale. Toutefois, Dejerine restait dans la ligne de l'interprétation associationniste : l'aphasie consiste en la perte d'images empreintes dans les cellules cérébrales; ces pertes engendrent des désordres par un processus de généralisation qui vient contaminer les opérations de l'intelligence. Cet auteur se range donc dans la catégorie des antinéoticiens; tout en rendant incommode la position associationniste classique qui voulait qu'à chaque centre correspondît un trouble particularisé, il n'incline point à considérer l'aphasie comme un trouble massif affectant originairement l'ensemble de la sphère symbolique. Pour sortir de cette situation de compromis il a fallu attendre la révision proposée par Pierre Marie à partir de 1906. Toutefois, cette révision s'est en quelque sorte développée parallèlement à la critique fondamentale dirigée par H. Bergson (1896) contre la théorie des images cérébrales. Si Dejerine s'efforçait de maintenir un compromis, Bergson annonce le changement avant même que Pierre Marie, l'iconoclaste (selon la forte parole de Head) ne vienne détruire les idoles, c'est-à-dire l'imagerie associationniste.

16.   L'ouvrage de Bergson, *Matière et Mémoire* (1896) pose explicitement le problème difficile des relations entre la pensée et les mécanismes cérébraux. Sa thèse est sans ambiguité : un état psychologique et un état cérébral ne sont pas une même chose. L'état psychique «déborde énormément l'état cérébral». «C'est en vain qu'on traite les images-souvenirs et les idées comme des choses toutes faites, auxquelles on assigne ensuite pour demeure des centres problématiques... Il n'y a pas, il ne peut pas y

avoir dans le cerveau une région où les souvenirs se figent et s'accumulent. La prétendue destruction des souvenirs par des lésions cérébrales n'est qu'une interruption du progrès continu par lequel le souvenir s'actualise». Le cerveau n'est pas un réceptacle; il est l'instrument qui permet la réapparition du souvenir à la faveur de conditions extérieures (stimulations sensorielles) et sous la forme de réactions motrices (gesticulation finalisée y compris la gesticulation orale). Bergson estime en conséquence que «les aphasies véritables tiennent à la diminution progressive d'une fonction bien localisée, la faculté d'actualiser les souvenirs des mots». Cette diminution est prouvée par le fait que dans le cas où l'aphasie s'installe progressivement, les étapes correspondantes de l'amnésie verbale se rangent toujours dans un même ordre: commençant par les noms propres et finissant par les verbes, l'usage de ceux-ci étant de loin le plus résistant alors même que le vocabulaire en général s'est déjà perdu. Or, si les mots étaient déposés dans l'écorce cérébrale comme des traces, des empreintes, des «choses», on ne voit point pourquoi certains d'entre eux appartenant à telle catégorie sémantique seraient plus longtemps conservés que d'autres; ou bien faut-il admettre qu'il y a des centres appropriés à chaque catégorie de mots, ou des cellules corticales spécialisées remplissant cet emploi?

17. Les contradictions de chosisme anatomiste apparaissent ici à l'évidence. Mais ces contradictions se dissipent sans peine si l'on veut bien admettre que les mots tombent dans l'oubli — ou, plus exactement, cessent d'être mobilisables — d'autant plus aisément qu'ils sont plus éloignés des incitations motrices dont le cerveau est le siège. «Les souvenirs, pour s'actualiser, ont besoin

d'un adjuvant moteur et ils exigent, pour être rappelés une espèce d'attitude mentale (expression à retenir) insérée elle-même dans une attitude corporelle. Alors les verbes, dont l'essence est d'exprimer des actions imitables sont précisément les mots qu'un effort corporel nous permettra de ressaisir quand la fonction du langage sera près de nous échapper; au contraire, les noms propres étant, de tous les mots, les plus éloignés de ces actions impersonnelles que notre corps peut esquisser, sont ceux qu'un affaiblissement de la fonction atteindrait d'abord». Pour penser le mot juste il faut penser l'action correspondante et cette pensée de l'action est d'autant plus aisée que l'action est elle-même plus aisément réalisable. Aussi verra-t-on parfois qu'un aphasique régulièrement incapable de retrouver un nom — par exemple, celui d'un aliment — le retrouvera en se représentant une action adéquate, comme l'acte de consommer cet aliment, cette représentation étant elle-même d'autant plus facile que l'action répondra à un besoin actuel. Par conséquent, en règle, un mot se retrouve d'autant mieux qu'il peut être mis en situation, qu'il peut être «joué», qu'il peut se glisser dans un contexte dynamique et y prendre un sens approprié.

18.   Cette dernière observation doit être précisée; elle conduit à d'autres remarques, particulièrement pertinentes, sur la signification et le rôle des mots. «On croirait à entendre certains théoriciens, écrit Bergson, qu'ils n'ont jamais considéré de près la structure d'une phrase. Ils raisonnent comme si cette phrase se composait de noms qui vont évoquer les images des choses»; comme si chaque mot avait pour répondant une seule image fixée une fois pour toutes. En réalité, suivant le contexte et l'intention du locuteur, et suivant ce que l'on ·peut nommer

l'esprit du discours, un mot renvoie à des sens différents ou à des nuances d'un même sens; ou bien même, un mot n'a de sens que par le rapport qu'il entretient avec la constellation des autres mots qui composent un énoncé. «Raffinée ou grossière une langue sous-entend beaucoup plus de choses qu'elle n'en peut exprimer». Tout énoncé à du retentissement, il renvoie à un arrière-plan, à un horizon de pensée qui ne peut pas être dit, qui n'est que suggéré, mais qui fait la véritable trame du langage, et pour ainsi dire, sa plénitude. «Essentiellement discontinue puisqu'elle procède par mots juxtaposés, la parole ne fait que jalonner de loin les principales étapes du mouvement de la pensée». Les images verbales ne sont que des signaux disposés de loin en loin sur le chemin du discours; mais seule la pensée peut combler les intervalles entre ces signaux.

19. Cette analyse séduisante se comprendra peut-être mieux à l'aide d'un exemple. Quelles différences dans les sens d'un adjectif qui considéré en lui-même renvoie à une simple impression visuelle — l'adjectif *noir* — selon qu'il est employé dans l'une ou l'autre des phrases suivantes: «Sa robe était noire — Il avait des yeux du plus beau noir — Il n'en finissait pas de ressasser des idées noires — C'est la joie de vivre qui caractérise la musique noire — Il poursuivait avec obstination les desseins les plus noirs». Comment ne pas comprendre ici que le mot noir renvoie chaque fois à une signification différente, et aussi, du reste, à une intentionnalité, à des attitudes, à des jugements variés de la part de celui qui parle; que, en somme, le mot dit autre chose que ce qu'il est censé désigner lorsqu'on le considère seul, et que par conséquent cette «autre chose» dépend du sens général de la phrase et même de la tournure syntaxique adoptée. De sorte

que, comme d'autres auteurs l'ont observé par la suite, l'aphasie consiste moins en une amnésie des mots qu'en une incapacité à concevoir une articulation appropriée, une syntaxe à l'intérieur de laquelle chaque mot doit trouver sa place selon les rapports de réciprocité qu'il entretient avec les autres mots et sous couvert de sa congruence avec la forme même de la phrase.

20. La thèse de Bergson faisait donc apparaître clairement que le langage ne peut être une simple association d'éléments verbaux univoques, sorte de combinaison mécanique d'images inertes et fixes, indépendante du mouvement de la pensée. Elle soulignait au contraire que tout signe expressif est le reflet d'un dynamisme intérieur propre à chaque sujet, d'une intentionnalité, et que la vocation du langage est d'évoquer ou de suggérer, plutôt que de traduire exactement, les multiples nuances qui président au déroulement de la pensée. Il s'agissait exactement d'un trouble de la mise en action de la pensée lorsque celle-ci doit s'engager en des démarches où l'expressivité corporelle (orale ou verbale, en particulier) est obligée. «Les sensations virtuelles elles-mêmes, écrit Bergson, pour devenir réelles, doivent tendre à faire agir le corps, à lui imprimer les mouvements et attitudes dont elles sont l'antécédent habituel... Le progrès par lequel l'image virtuelle se réalise n'est pas autre chose que la série d'étapes par lesquelles cette image arrive à obtenir du corps des démarches utiles. L'excitation des centres dits sensoriels est la dernière de ces étapes; c'est le prélude à une réaction motrice, le commencement d'une action dans l'espace... le mouvement, en se réalisant, réalise à la fois la sensation dont il serait le prolongement naturel et l'image qui a voulu faire corps avec la sensation». Thèse difficile, thèse subtile par rapport à laquelle

l'interprétation de Pierre Marie se détache sous une forme plus massive, plus arrêtée : l'aphasie doit s'analyser fondamentalement en termes de déficience intellectuelle.

21. La contestation de Pierre Marie éclate en 1906 sous la forme de trois articles qu'il publie dans la Semaine médicale sous le titre général « Révision de la question de l'aphasie ». Elle consiste d'abord en une négation du rôle attribué à la troisième circonvolution frontale gauche considérée jusque là comme le centre moteur de la parole et, par extension, en une négation de l'existence de centres cérébraux spécialisés pour les diverses modalités du langage. Du même coup tombent les distinctions classiques entre une aphasie motrice et une aphasie sensorielle et entre des déficits sensoriels tels que, par exemple, la surdité verbale et la cécité verbale ; ces désignations n'ont qu'une valeur phénoménale et elles doivent être rapportées à des troubles intellectuels de la compréhension du langage. Est récusée également la terminologie associationniste et, en particulier, le dogme des images verbales, et par voie de conséquence l'état d'esprit qui prétend réduire en éléments l'altération globale de la fonction du langage avant de la reconstituer formellement à l'aide de schémas théoriques. Les images verbales ne peuvent être détruites pour la simple raison qu'elles ne sont que des fictions terminologiques, qu'elles n'existent pas. Pourtant, ce réquisitoire n'était point, comme dans le cas des analyses de Bergson, réflexion didactique, démonstration de philosophe. P. Marie ne se présentait point comme théoricien mais comme médecin se contentant « de parler en médecin qui a médicalement observé des faits médicaux » ; et il fondait sa critique et ses propositions nouvelles sur ses observations person-

nelles d'un grand nombre de sujets aphasiques dont beaucoup, en outre, furent autopsiés.

22. Selon lui les manifestations aphasiques doivent se comprendre selon deux perspectives nettement différenciées. Ou bien on constate des altérations des pôles sensoriels (comme dans l'alexie) ou du pôle expressif, et il s'agit dans ce dernier cas d'une impossibilité mécanique de la parole (l'anarthrie) mais qui laisse intacts le langage intérieur, la compréhension, l'intelligence, et qui, par conséquent, ne touche point directement l'activité symbolique; ou bien on constate des altérations de la zone de Wernicke et il s'agit d'une aphasie qui, bien que d'intensité variable selon les particularités intellectuelles et l'étendue de la lésion, est caractérisée par son unicité, c'est-à-dire par de mêmes perturbations de l'activité psychique dans son ensemble et dans les diverses fonctions qui y participent (mémoire, association des idées, conceptualisation de notions didactiques) et, pour ce qui concerne le langage, par un trouble de la compréhension qui se présente à tous les niveaux : difficultés de la communication dans les deux sens, difficultés dans la lecture, l'écriture, le calcul, etc. C'est évidemment à ce syndrome que l'on doit réserver le nom d'aphasie intrinsèque ou d'aphasie vraie. Les autres manifestations ou aphasies extrinsèques sont en réalité indépendantes en nature de l'aphasie véritable; encore qu'elles puissent se rajouter à celle-ci de façon à constituer alors une altération plus complexe. C'est ainsi que l'aphasie de Broca doit être entendue, en termes anatomiques, comme une lésion étendue de la zone temporale à la zone lenticulaire, et du point de vue clinique, comme une aphasie de Wernicke compliquée d'anarthrie. Dans ces conditions il reste que toute aphasie vraie est dominée par cette caractéristique essentielle : la diminution de l'intelligence.

23. « Cette notion de la diminution intellectuelle des aphasiques, écrit P. Marie, doit, à mon avis, dominer la doctrine de l'aphasie... Il m'est impossible d'accepter que dans leur définition de l'aphasie, la plupart des cliniciens déclarent que *l'intelligence est intacte*. Si, pour ma part, j'avais à donner une définition de l'aphasie, le fait que je m'efforcerais surtout de mettre en lumière serait *la diminution de l'intelligence*. » A l'appui de cette intention l'auteur regroupe diverses observations qui prolongent celles effectuées antérieurement par Laborde et Trousseau. Ces observations ne sont pas toutes d'égale valeur (on a pu critiquer, par exemple, le cas rapporté par P. Marie, de l'un de ses malades, cuisinier de son métier et qui ne savait même plus préparer un œuf sur le plat : s'agit-il vraiment d'un signe de « déchéance intellectuelle » et n'est-ce point plutôt un trouble de nature apraxique ? — comme le suggèrent des résultats par tests obtenus ultérieurement auprès d'autres sujets aphasiques et apraxiques —); on en peut retenir néanmoins les thèmes les plus significatifs : perturbations de la mimique conventionnelle (faire un signe de dégoût, montrer que l'on veut manger ou dormir, menacer du doigt, etc.) et de la mimique descriptive (représenter telle situation par une mimique appropriée), altération de notions didactiques, du calcul, de la musique, incapacité à reconnaître l'heure sur le cadran d'une montre, tous déficits qui, même particuliers, sont extérieurs à la sphère propre du langage.

24. Mais aussi bien, pour ce qui concerne ce dernier, la diminution de l'intelligence s'y manifeste dès qu'il s'agit de mettre à l'œuvre des consignes verbales. Si des consignes simples ou séparées sont comprises aisément, en revanche, ces mêmes consignes prises dans une séquence et impliquant la conformité à un ordre de succes-

sion, entraînent habituellement des échecs. On ne peut donc en pareil cas invoquer l'existence d'une surdité verbale (puisque «les malades comprennent admirablement les questions peu compliquées qui leur sont posées»); ce que l'on doit invoquer c'est l'incapacité à concevoir un comportement complexe ou à maîtriser «la complication des actes accumulés». En d'autres termes: «...Quand on examine sans opinion préconçue le psychisme des aphasiques, on constate que le trouble dans l'association des idées joue, chez eux, un grand rôle dans le désordre de la parole». Ainsi se trouve rejetée la doctrine de la surdité verbale et la localisation de celle-ci au niveau de la première circonvolution temporale gauche. L'aphasie est une, sa localisation est une également et son territoire est «le territoire de Wernicke (gyrus supramarginalis, pli courbe et pieds des deux premières temporales)», mais ce serait «une erreur de s'ingénier, du moins par la méthode anatomo-clinique à dissocier ce territoire en centres divers...» Telles sont pour l'essentiel les prises de position de P. Marie et les raisons qu'il invoque pour justifier sa thèse de la diminution de l'intelligence dans l'aphasie. Si on laisse de côté la critique qu'il faisait «du dogme de la troisième circonvolution frontale gauche» — critique souvent contestée par la suite et qui, d'ailleurs, ne concerne pas directement l'actuel propos — il reste que cet auteur a eu «le grand mérite de voir qu'on ne peut assimiler l'aphasie à la perte d'une technique, qu'une activité bien plus large, à laquelle on ne peut refuser le qualificatif, qui reste évidemment trop vague, d'intellectuelle, y est troublée en même temps que l'activité du langage dont elle ne peut être isolée que dans les aphasies qu'il qualifiait d'extrinsèques...» (Alajouanine).

25.   Il reste également que les caractéristiques de cette

activité intellectuelle ou les facteurs particuliers qui y entrent en jeu doivent être spécifiés avec précision — ainsi que l'avait pressenti Jackson. Deux voies s'ouvrent ici : d'une part, c'est à divers auteurs venant après P. Marie que l'on devra se référer par la suite pour motiver la spécification de ces facteurs et aussi bien pour adopter des points de vue différents. L'histoire des doctrines va ici de pair avec l'analyse psychologique à laquelle elle propose des approfondissements successifs sur la nature des rapports de la pensée et du langage, sans exclure le rôle particulier des attitudes sous leur triple aspect mental, volitionnel et affectif. D'autre part, c'est la voie expérimentale, entrevue et préconisée d'ailleurs par P. Marie, qui doit servir directement de pierre de touche à l'ensemble des arguments examinés précédemment. On trouve ici nombre de recherches (en particulier au cours des trente dernières années) recourant soit à la méthode des tests à des fins de détection des traits et des facteurs intellectuels susceptibles d'être incriminés dans l'aphasie, soit à la méthode clinique et comparative peut-être mieux apte à saisir les altérations intellectuelles dans l'aphasie d'un point de vue qualitatif. Car, comme on le verra aux alinéas suivants la diminution intellectuelle uniforme ou partielle apparaît moins évidemment à la mesure, ou du point de vue quantitatif, que n'apparaît la *modification* intellectuelle, et, au-delà, la modification d'ensemble du comportement.

3. LE CONTROLE EXPERIMENTAL
ET L'APPRECIATION CLINIQUE
DES TROUBLES DE L'INTELLIGENCE

26. La première approche expérimentale systématique à l'aide d'une batterie d'épreuves standardisées a été effectuée par Weisenburg et Mc Bride en 1935. Il s'agissait

pour ces auteurs de déterminer la liaison éventuelle entre l'aphasie et les troubles de l'intelligence en comparant les performances de sujets aphasiques à celles d'autres malades ne présentant point de troubles du langage, les tests ayant été mis au point au préalable avec des adultes normaux. Deux ordres de résultats peuvent être considérés selon que les tests s'appliquaient à des performances verbales ou à des performances non verbales. Dans le premier cas, comme l'on pouvait s'y attendre diverses épreuves (telles que la recherche d'antonymes — contraires de mots donnés dans une liste — la prise de conscience d'absurdités contenues dans des propositions, la répétition et l'évocation de mots et de chiffres) font apparaître des déficiences marquées, les scores étant soit inférieurs, soit à peine égaux à ceux des sujets normaux ayant obtenu les résultats les plus médiocres. Dans le second cas les indications recueillies sont moins significatives et parfois discordantes. Pour certains sujets les performances non-verbales sont plus faibles que ne pourrait l'expliquer la seule perturbation linguistique; mais, pour d'autres, les réponses non-verbales sont meilleures que les réponses verbales données à une même tâche. En règle, les insuffisances dans les épreuves non-verbales sont d'un indice moins élevé que celles qui apparaissent dans les épreuves verbales. Il peut donc y avoir une atteinte du comportement intellectuel dans des conduites extérieures à l'emploi du langage, mais cette atteinte n'est que relative et inconstante selon les sujets. D'autre part, c'est davantage dans les opérations où la formulation verbale est impliquée que la déficience intellectuelle est plus accentuée. Il est donc difficile d'arriver à une conclusion ferme au vu des protocoles recueillis. On peut postuler seulement qu'il existe une liaison entre langage et intelligence et que la diminution intellectuelle dépend, lorsqu'elle existe, de variables pathologiques individuelles. Lorsque le déficit est avéré il ne paraît correspondre à aucun facteur spécifique qui se retrouverait en toute aphasie.

27. Les indications recueillies ultérieurement par d'autres auteurs ne sont pas davantage concordantes. Néanmoins elles présentent un intérêt particulier en ce que, débordant quelque peu le problème initial, elles permettent de souligner, soit le rôle différent joué par les lésions droites et les lésions gauches vis-à-vis de l'activité intellectuelle chez des sujets aphasiques ou non aphasiques, soit l'interférence pouvant exister par rapport à l'intelligence entre aphasie et apraxie. Dans la première perspective on signalera les comparaisons effectuées avec les épreuves de la batterie de Weschler-Bellevue sur des groupes de sujets présentant des atteintes droites ou gauches. Les sujets avec lésions gauches, généralement aphasiques, réussissent moins bien dans les épreuves verbales que les sujets avec lésions droites non aphasiques; en revanche, ces derniers réussissent moins bien que les précédents dans des épreuves de performances visuo-spatiales, c'est-à-dire non verbales. A l'inverse, à nouveau, dans divers tests d'abstraction utilisés soit par McFie et Piercy, soit par De Renzi et autres, on trouve que les performances sont inférieures chez des sujets porteurs de lésions gauches par rapport à des sujets porteurs de lésions droites. Mais cette infériorité affecte aussi bien des sujets non-aphasiques qu'aphasiques. Des indications voisines se retrouvent chez Weinstein qui a pratiqué une technique test-retest chez des traumatisés crâniens (le test ayant été subi par des sujets sains lors de leur entrée au service militaire et le retest par ceux d'entre eux victimes, par la suite, d'accidents ou de blessures). Un tiers

de ces derniers accusait une baisse sensible des performances, et cet effectif était constitué par des sujets dont la lésion gauche se situait dans la région temporo-pariétale — avec ou sans aphasie. Les lésions localisées dans cette zone paraissent donc responsables de certains déficits intellectuels (abstraction) sans que pour autant les troubles aphasiques s'y trouvent nécessairement liés. Bauer et Becker parviennent à une conclusion voisine dans leurs travaux lorsqu'ils indiquent que la capacité d'abstraction de sujets aphasiques n'est pas moindre que celle d'autres sujets porteurs de lésions cérébrales, mais sans aphasie.

28. Dans la seconde perspective, Zangwill a constaté à l'aide des Progressives Matrices de Raven, que l'insuffisance des performances dans ce test n'est pas directement liée à la présence d'aphasie (excepté dans les cas les plus graves) mais l'est, au contraire, avec des troubles de l'activité constructive rencontrés isolément, en particulier dans le cas de lésions de l'hémisphère droit. De même, d'après un contrôle effectué par Tissot, Lhermitte et Ducarne sur 215 aphasiques à l'aide du Weschler performance il apparaît que 25 % d'entre eux ont un quotient intellectuel inférieur à 80; mais 65 % de ces sujets sont également apraxiques «ce qui tend à montrer, écrit Tissot, que chez l'aphasique l'administration du test de Weschler performance est plus une mesure de l'apraxie que de l'intelligence». Tissot signale également que l'administration, chez 36 aphasiques présentant diverses formes d'aphasies, de «quelques épreuves opératoires de Piaget faisant appel aussi peu que possible à la fonction symbolique n'a nullement montré un nivellement opératoire». Les performances sont très variables d'un sujet à un autre et d'une épreuve à une autre pour un même su-

jet. La conclusion de cet auteur qui se range du reste, nettement, dans le groupe des antinoéticiens est que «tout se passe chez l'aphasique comme si l'opérativité qui reste la meilleure définition de l'intelligence n'était touchée qu'au prorata des instruments qu'elle mobilise».

29. Cette conclusion est à nuancer, pourtant, si l'on tient compte d'autres résultats expérimentaux. On relèvera, par exemple, d'après Teuber et Weinstein que des traumatisés cérébraux avec aphasie ont des scores significativement inférieurs à ceux d'autres traumatisés sans aphasie dans des épreuves impliquant un apprentissage ou dans des tests spécifiques comme le test de recherche des figures cachées de Gottschald. De Renzi reconnaît l'existence d'un déficit de la pensée abstraite en rapport avec l'aphasie de Wernicke. Et Zangwill estime que, au moins à l'intérieur de troubles du langage, même minimes, on peut découvrir des signes de perturbation intellectuelle, en particulier lorsque les épreuves proposées consistent en l'explication de propositions verbales telles que des sentences, des proverbes, des expressions idiomatiques, la compréhension de ces propositions étant, par ailleurs, conservée. Ces diverses indications montrent assurément que la question de la déficience intellectuelle des aphasiques mesurée à l'aide de tests est loin d'être résolue. Tout se passe comme s'il n'y avait point d'épreuve décisive dans ce domaine et comme si, d'autre part, la grande variété des troubles, leur caractère très individualisé, rendaient impossible la détermination de données constantes sur des séries de sujets. On peut supposer également que, puisque, de toute évidence, jamais l'intelligence n'est atteinte uniformément dans ses diverses opérations, mais seulement sous des aspects limités et variables, chaque sujet aphasique trouve souvent le

moyen de compenser son déficit par des voies particulières; la démarche ainsi utilisée dissimule ou atténue le
trouble et elle ne peut être décelée par le test qui ne
contrôle que le résultat obtenu et non le processus. C'est
vraisemblablement à ce point de vue d'une distinction entre *produit* et *processus* de l'opération intellectuelle que
l'on doit se placer si l'on veut éclaircir le problème de
l'altération de l'intelligence en termes de modification
plutôt qu'en termes de diminution.

30. A cet égard, les observations d'Ombredane, pourtant moins récentes que la plupart de celles précédemment mentionnées, paraissent fort instructives. Car cet
auteur, associant l'expérimentation et la clinique, essaie
de dégager au travers de la passation d'épreuves du type
test, les changements intervenant dans la démarche intellectuelle des aphasiques, non point seulement d'après le
résultat obtenu mais d'après la forme de conduite adoptée. De plus, tout en reconnaissant qu'il serait erroné
d'incriminer un déficit intellectuel global, et en affirmant
que l'altération de l'intelligence reste subordonnée aux
troubles de ses instruments linguistiques (position de
principe antinoéticienne, par conséquent) Ombredane estime que cette altération a des caractères propres, ou, en
d'autres termes, qu'il y a spécificité du trouble intellectuel chez les aphasiques. Cette spécificité peut se définir
par les traits suivants : une lenteur d'exécution anormale,
même dans les épreuves les plus simples; une limitation
considérable de l'éducabilité en rapport avec la lenteur
des acquisitions; une difficulté de l'abstraction «liée à la
tendance à percevoir les différences plutôt que les ressemblances, et, parmi, les différences, celles qui touchent
immédiatement la sensibilité»; une difficulté en diverses
opérations de circonscription de la pensée, telles que la

synthèse, l'interpolation et l'extrapolation, l'invention; plus généralement encore l'effondrement des conduites discursives auxquelles tendent à se substituer les opérations intuitives conservées, ces dernières subissant elles-mêmes les effets de l'affectivité et de son caractère éventuellement despotique.

31. Ces modifications ne constituent point, on le voit, une mosaïque de traits isolés, mais plutôt un autre régime du fonctionnement de l'intelligence; et c'est bien en ce sens que l'on doit comprendre la remarque de Goldstein selon laquelle le sujet aphasique est toujours modifié dans son comportement d'ensemble. De plus, diverses précisions apportées par Ombredane permettent d'expliquer les performances relatives des aphasiques dans des épreuves abstraites. « S'il est vrai que chez l'aphasique les opérations d'éduction de relations et de corrélations soient vouées à l'échec, il semble qu'on puisse introduire la restriction que ces éductions restent possibles dans la mesure où elles peuvent résulter d'une confrontation immédiate d'éléments figurés dans une situation concrète... » ou bien, d'une autre manière, lorsque « la continuité des passages est assurée par une série progressive *d'effets de jointoiement... par la substitution du cheminement à la schématisation* (l'auteur donne comme exemple le calcul de la surface d'un rectangle, de proche en proche, c'est-à-dire par le décompte des unités de surface qui y sont contenus). De même, dans une épreuve de remise en ordre d'images présentées au hasard, « le malade parvient généralement à rétablir la succession exacte... »; et par conséquent, à cet égard, sa performance est aussi bonne que celle d'un sujet normal, mais la technique qu'il emploie est toute autre : « il tâtonne de proche en proche, mobilise les images dans un grand

nombre de combinaisons successives dont la valeur est fluctuante», ... ce qui témoigne «de l'exiguïté et de la fragilité de ses idées directrices, de la prégnance et du despotisme des effets de jointoiement réalisés dans les dispositions actuelles».

32. De telles observations où l'on voit se combiner les altérations telles que la lenteur, la fragilité, l'instabilité des réponses, des inhibitions multiples dans tout apprentissage réclamant des choix intelligents, et par voie de conséquence, l'émergence et la persévération de schèmes de conduite de niveau inférieur, aussi bien que les explosions de l'affectivité et les réactions catastrophiques qui en résultent chaque fois que le sujet ne parvient pas à mettre de l'ordre dans son comportement, ne peuvent pas laisser de doute sur les profondes altérations, modifications, mutilations même, que subit l'intelligence chez les aphasiques. Mais on observera, d'autre part, que les conduites intellectuelles où réussit l'aphasique sont celles qui font le moins appel aux procédés symboliques alors que celles dont il est incapable sont des conduites discursives où ces procédés jouent un rôle essentiel. Aussi peut-on supposer que «la possibilité de l'attitude catégorielle est justement assurée par la constitution du système des symboles». Et aussi bien «le degré de l'attitude catégorielle est fonction du degré d'évolution du langage vers des formes éminemment conventionnelles où le maximum d'indétermination des symboles assure le maximum de détermination de l'objet». On arriverait ainsi à estimer que, sous sa forme la plus haute, c'est-à-dire en tant qu'inventive, la pensée n'est atteinte dans ses pouvoirs qu'à proportion de l'usage plus ou moins obligé qu'elle fait du langage dans ses diverses modalités créatrices.

33. Une attention particulière sur ce point doit être

donnée aux observations faites par Alajouanine sur la production esthétique en des domaines différents, de trois grands artistes atteints d'aphasie: un écrivain, un musicien, un peintre. « L'altération de la création artistique, demande cet auteur, est-elle la même dans les trois cas, et les différences constatées ont-elles une raison d'être qui ait quelque intérêt pour notre conception de la physiopathologie du langage, de l'état intellectuel dans l'aphasie et même de la psychophysiologie de l'artiste » ? Chez l'écrivain, atteint d'une aphasie de type Broca, on constate une abolition de la possibilité de toute réalisation littéraire bien que, par ailleurs, ne soient point perturbés de façon notable, le jugement, le sens esthétique ou la mémoire. Cas typique d'agrammatisme chez un auteur auparavant réputé pour la délicatesse et la subtilité de son œuvre littéraire. Chez le musicien, atteint d'une aphasie de Wernicke modérée et d'une apraxie concomitante, tout ce qui touche à l'utilisation et à l'exécution des signes musicaux est fortement troublé tandis que la reconnaissance globale des thèmes musicaux est conservée. L'affectivité et la sensibilité esthétique sont pratiquement intactes tandis que l'extériorisation de l'intention musicale est gravement empêchée. Chez le peintre, également atteint d'une aphasie de Wernicke, la réalisation artistique est restée aussi parfaite qu'avant la maladie; elle a même gagné en valeur esthétique. En revanche tout ce qui a rapport au langage est fortement perturbé. Le sujet se décrit lui-même comme s'il y avait deux hommes en lui: « celui qui peint, qui est normal... et l'autre qui est dans le vague, qui ne sait plus se dépétrer avec les mots ».

34. Les conclusions qui se dégagent de ces trois observations sont évidemment claires. S'il s'agit de l'écri-

vain, son art est «entièrement fonction du langage dans son expression extérieure... les plus hautes pensées, les plus profonds sentiments ne sont que des faits de conscience immatériels, s'ils ne sont pas revêtus de la chair du langage». Aussi, même si la pensée de l'écrivain «n'est pas notablement altérée en soi (comme le prouve son comportement habituel) la réalisation de la forme linguistique apte à la vêtir restera pour le moins profondément inadéquate». Il en va de même pour le compositeur qui, bien que recourant à un autre langage que celui des mots et des concepts, doit employer dans l'ordre de la création musicale des phrases «ayant leur signification intentionnelle descriptive», des formes sonores savamment ordonnées», «un symbolisme supérieur qui comporte des flexions, des articulations et, en somme, une syntaxe. En revanche, chez le peintre, l'expression picturale ne passe pas nécessairement par l'utilisation d'un langage symbolique; elle est «la mise en œuvre directe d'une réalisation plastique plus ou moins transposée par une technique spéciale en un climat, en une atmosphère qui est l'équivalent d'un langage chez le peintre». Il est donc évident que «l'aphasie perturbe une technique à base de langage mais respecte une technique à base de perception visuelle». Comme, par ailleurs, ces trois artistes continuent à manifester un bon niveau intellectuel, on ne peut que conclure que leur intelligence n'est perturbée que sous l'angle de son extériorisation, c'est-à-dire dans la mesure même où, pour se manifester, elle doit recourir au langage. Le retentissement intellectuel de l'aphasie resterait donc spécialisé pour les moyens d'expression directement en rapport avec le langage.

35.   La position antinoéticienne se trouve renforcée, certainement, par ces constatations. Mais on peut dire

aussi que les rapports de la pensée et du langage sont si étroits et si complexes qu'il est impossible que le tout de ces rapports ne soit point altéré dès que l'une de ses composantes est atteinte; la caractéristique véritable de l'aphasie serait un nouveau mode d'organisation de la pensée et de la conduite globale. « La modification psychologique globale, estime Ombredane, est l'aspect auquel conduit l'étude du comportement des sujets aphasiques aussi bien en dehors des opérations du langage qu'à l'occasion de ces opérations. Ce comportement se montre, en général, modifié depuis ses motivations instinctives jusqu'à ses techniques intellectuelles ». Aussi, hésitant à se prononcer fermement sur la question de la priorité, vient-on à se demander avec le même auteur « si la dégradation du langage et la déchéance intellectuelle ne sont pas concomitantes sans dépendre l'une de l'autre, comme si l'intelligence dans son ensemble et le langage en particulier, par lesquels se manifestent normalement l'appétit et l'effort d'adaptation de l'individu au monde extérieur, obéissaient du même coup à un effet de rétraction biologique ». Réponse prudente, sans doute, et même insatisfaisante puisqu'elle renonce à trancher la question de la priorité. Mais l'on a vu que les faits expérimentaux recueillis introduisent plus d'indéterminations que de certitudes sur ce point. De plus, on est en droit de se demander si la réponse n'est telle que parce que la question initialement posée consiste à isoler arbitrairement une fonction — l'intelligence — qui est, en fait, solidaire de l'ensemble de la vie psychique.

36. Plusieurs voies s'ouvrent ici. Comment ne pas remarquer, tout d'abord, que le dynamisme, l'élan de l'intelligence doivent être soutenus par des conduites volontaires entièrement assumées par le sujet et que l'alté-

ration ou la dissolution de ces conduites ne peuvent qu'entraîner de fâcheux effets relativement au fonctionnement intellectuel? Cette nouvelle façon d'envisager le problème renvoie à l'analyse de Jackson (qui sera présentée au chapitre suivant). Mais, d'autre part, si au sens strict et habituel dans le langage de la psychologie, l'intelligence peut être définie comme la fonction de résolution des problèmes (d'où l'usage de la méthode des tests), en un sens plus large et plus clinique, ne peut-elle être comprise comme une fonction de différenciation, de découpage, qui se détache sur un fond d'organisation mentale complexe? Dans cette organisation on distinguerait, d'une part, un champ d'attitudes (et non plus seulement d'aptitudes) d'intentions, de dispositions, de tensions et d'efforts orientés constituant le soubassement de l'activité volontaire proprement dite et qui, dans la mesure où ces instances sont mentalisées, se trouverait à la charnière de l'intelligence et de la volonté; et, d'autre part, un champ spatio-temporel, ou un espace mental, dont la cohérence serait nécessaire aux actes de détour qui matérialisent l'intelligence en même temps qu'ils assurent la chronologie du comportement volontaire — le langage étant, entre autres, l'une des formes supérieures, symboliques, du détour.

37. Aussi, le débat entre noéticiens et antinoéticiens déborde-t-il finalement de beaucoup la sphère de la seule intelligence comme l'ont bien senti les auteurs psychologisants tels que Head, Von Monakov, Van Voerkom, Goldstein, et, plus récemment, Bay. Mais, en outre, et puisqu'il s'agit toujours du fonctionnement du langage, comme parole et comme signe et comme processus de communication passant par les deux pôles de l'encodage et du décodage, n'est-ce pas en dernier ressort en inter-

rogeant la science même du langage, la linguistique, comme le font nombre d'auteurs contemporains suivant en cela l'exemple de Luria et de Jakobson, que l'on se donne les meilleures chances d'éclaircir la question si controversée de la nature de l'aphasie?

L'APHASIE ET LA VOLONTE

1. RAPPORTS DE L'ACTIVITE INTELLIGENTE ET DE L'ACTIVITE VOLONTAIRE

1. Il n'est pas douteux que l'activité intelligente soit en rapport avec l'activité volontaire ou, plus généralement avec la maîtrise de l'intentionnalité. Cette relation apparaît à l'évidence dès lors que l'on confronte les traits caractéristiques d'un acte intelligent et d'un acte automatique ou d'un acte instinctif. Ces derniers se déclenchent et se déroulent selon des filières préformées sans que, pour l'essentiel, des initiatives individuelles aient à se manifester. Lorsqu'un animal accomplit un comportement instinctif, il dispose d'une forme de savoir-faire souvent très spécialisée mais aussi, spécifique, et qui ne se réalise que dans des conditions déterminées, obéissant à la fois à des stimuli-signes extérieurs et au cycle complexe des besoins ou des motivations internes. Ainsi en va-t-il, par exemple, dans l'appropriation d'un territoire, dans la construction des nids ou des abris, dans les parades et les compétitions, dans les migrations, dans les conduites de chasse et de guet. La présence d'un socius, les incitations du groupe ou des adultes sont souvent nécessaires sans doute à l'installation de ces conduites — de sorte qu'il y a aussi chez tout individu une phase d'apprentissage de la réponse instinctive à certains moments sensibles, dans des périodes de maturation — mais il reste que tout comportement autre qu'intelligent: qu'il soit entièrement inné ou qu'il passe par une phase d'acquisition, se reconnaît au caractère inéluctable de son déroulement dès qu'un déclencheur approprié intervient.

Le degré de perfection de l'instinct a donc pour contrepartie sa limitation, voire son inadéquation ou son absurdité lorsque des circonstances anormales viennent vicier
les conditions naturelles du milieu.

2. Dans l'acte intelligent un déclencheur est sans
doute nécessaire aussi — car toute action, dans l'espace
mental comme dans l'espace vital, a un fondement biologique. Mais l'acte intelligent est, en outre, toujours pris
en charge par un individu; il réclame un choix entre plusieurs éventualités, et un accomplissement à terme, par
détours, où les étapes doivent être disposées selon un ordre, même si cet ordre ne s'accomplit qu'en situation, au
niveau pratique. Des innombrables observations faites
depuis trois-quarts de siècle en psychologie animale
comme en psychologie humaine, il ressort toujours que
l'acte intelligent commence par un processus inhibiteur
ou conduite d'arrêt (qui a pour fonction de maîtriser et
d'ajourner le comportement spontané) et se continue par
des opérations appuyées par des schèmes à des stades
progressivement plus détachés des situations concrètes
ou immédiates. Le contrôle de ces opérations suppose
une distribution, ordonnée dans le temps, de la série des
actes à accomplir; il suppose du même coup, outre les
initiatives particulières appropriées à chaque problème, le
maintien d'une direction générale du comportement,
cette sorte d'initiative à long terme qui fait que des choix,
des attitudes, des stratégies ne s'annulent point en se mélangeant, mais au contraire s'accordent et sont mainte-
nues à cet effet par un sujet organisateur pour converger
vers une fin commune. C'est sous cet aspect que l'on
aperçoit le rapport existant entre l'acte intelligent et
l'acte volontaire. Si un acte automatique ou instinctif est
déterminé par la situation et par la capacité spécifique, un

acte intelligent est, autrement, déterminé par procédé et par initiative.

3. Si l'on rapporte cette distinction à la question du langage on observera qu'il y a des actes de langage que l'habitude a rendus pratiquement automatiques et qui se réalisent aisément dans des situations concrètes ou sous l'influence des émotions, et d'autres actes de langage que la volonté soumet à son contrôle et qui ne peuvent s'accomplir qu'autant qu'une intention délibérée gouverne leur déroulement. De même que l'acte intelligent suppose à la fois une direction d'intention et un arrêt de l'impulsion, des choix et des exclusions, de même l'acte du langage rendu intentionnel réclame une ligne de discours et une inhibition de la verbalisation spontanée, un tri du vocabulaire, une stratégie organisatrice qui s'accomplit dans l'emploi d'une syntaxe. S'il existe donc quelque rapport entre le langage et l'intelligence ce rapport est soumis à la médiation de la volonté. Au niveau de l'élaboration il ne s'agit pas que de trouver des mots appropriés au moment opportun, ni de maîtriser les processus articulatoires en rapport avec ces mots, il faut encore les disposer en propositions. L'effort volontaire du langage consiste, sous cet aspect, en une anticipation du discours. De même au niveau de la compréhension, il ne s'agit pas que d'entendre des séries de mots, il faut saisir ces mots en tant que composant un contexte significatif. Dans l'usage affectif la prise de sens du contexte est immédiatement liée à l'énoncé, au texte, mais dans tout usage objectif, le contexte reste à distance du texte. Un effort volontaire de suspension des effets immédiats des mots entendus doit être accompli lorsqu'il s'agit de saisir la portée générale d'une proposition, l'orientation globale du discours. Si ce «schéma dynamique» qui place tout

auditeur en position de se représenter la parole d'autrui est altéré, alors les défaillances du moment volontaire de la compréhension ont inévitablement pour effet de compromettre le « ton intellectuel » du message entendu.

4. Deux expériences simples réalisées avec des sujets aphasiques confrontés à des sujets normaux feront mieux comprendre en quoi consiste la désintégration des aspects volontaires du langage. On présente aux sujets des cartons de deux couleurs différentes en leur demandant de nommer chaque fois la couleur présentée. Dans le groupe des normaux le temps de réaction est bref, de l'ordre de 30 ms, et il tend vers un optimum maintenu régulièrement si la présentation des couleurs est alternée, c'est-à-dire si la réponse peut s'automatiser. Chez des sujets ayant conservé l'usage de la parole, mais avec des troubles dysphasiques, on observe une évolution analogue, à cela près que les temps de réaction sont beaucoup plus longs; même lorsque la conduite est automatisée ils se situent aux alentours d'une seconde. Il faut remarquer aussi que dans une telle situation où l'effort de contrôle volontaire est réduit très sensiblement du fait de l'alternance systématique, l'inhibition de toute réponse inadéquate possible joue correctement : il n'y a ni langage parasite, ni juron. Mais si l'on passe à la phase critique de l'expérience dans laquelle un carton d'une autre couleur sera présenté sans avertissement, les différences entre sujets des deux groupes s'accentuent encore. Les premiers inhibent rapidement les réponses alternées qu'ils donnaient précédemment et nomment correctement, avec il est vrai, accroissement de leur temps de réaction, la nouvelle couleur. Les seconds ne parvenant pas à maîtriser cette nouvelle situation et à nommer la troisième couleur, se perdent dans des tâtonnements verbaux de plus en

plus incompréhensibles, alternant avec des formules stéréotypées et des jurons. L'incapacité à verbaliser correctement une situation nouvelle se traduit par une régression de l'usage volontaire à l'usage émotionnel, explosif,
du langage.

5. Comme l'avait déjà remarqué Pierre Marie les
aphasiques sont capables de comprendre et d'exécuter
des ordres simples. Mais ils échouent dès que la formulation de la consigne et son exécution présentent quelque
complexité. Aussi Pierre Marie concluait-il à un trouble
de la compréhension et, par conséquent à un déficit de
l'intelligence. Une analyse plus détaillée des réactions
concrètes données par des aphasiques à des ordres aussi
bien simples que complexes entraîne d'autres conclusions. Il faut remarquer d'abord, dans le cas des ordres
simples, que ceux-ci peuvent fort bien n'être pas appréhendés en tant que propositions, mais seulement par référence à un seul mot désignant l'élément inducteur d'une
situation présente. Si un aphasique réagit correctement
lorsqu'il lui est demandé de prendre tel objet usuel placé
devant lui, cela ne signifie point qu'il ait saisi le sens de la
proposition dans son ensemble, mais seulement par l'intermédiaire d'un mot l'adéquation entre la situation réelle
et tel geste à accomplir. A cet égard, deux ordres simples, mais aussi différents que : « Prenez ce livre sur la
table », ou « écartez ce livre de la table », peuvent être
« entendus » de la même manière, et, par conséquent, entraîner selon le cas, une réaction correcte ou incorrecte,
le sujet prenant le livre quel que soit l'ordre donné. L'expérience n'est donc guère probante quant à la valeur de la
compréhension; en revanche, elle suggère que le déficit
touche le rapport entre compréhension et élaboration volontaire de la réponse.

6. Il en va de même a fortiori dans le cas des ordres complexes. Ici, le sujet échoue, non point tant dans la compréhension de la consigne que dans la reformulation pour lui-même de l'ordre à exécuter. Il répète l'ordre tel qu'il lui a été communiqué, mais ne sait point l'intégrer dans une autre expression, selon le point de vue qui devrait être le sien, celui de l'exécutant. Tout se passe par conséquent, comme si l'échec provenait de l'incapacité à mobiliser volontairement son propre langage pour l'ajuster au sens véhiculé par le langage d'autrui. Ombredane écrit à ce propos : l'aphasique « est rapidement victime de la persévération des effets impressifs, il manifeste de l'*intoxication par l'ordre* qu'il reçoit, il tombe sous le coup des inhibitions qui naissent des efforts de compréhension qui n'ont pas abouti ». On peut donc dire que la plus ou moins grande compréhension de l'ordre donné dépend moins de la capacité intellectuelle en général, que de sa relation plus ou moins directe et immédiate à la situation présente, et de la capacité pour le sujet à réaliser cet ordre, de son point de vue, par un effort volontaire de représentation, susceptible de coordonner par avance les étapes d'une réponse cohérente. Attitude complexe qui réclame « une très grande mobilité, un va-et-vient incessant entre des formes sonores saisies, des schématisations visuelles éveillées, des gestes de langage ébauchés; tout cela exige la capacité de lâcher et de retrouver, la capacité de réduire des développements à des algorithmes que l'auditeur pourra, au moment voulu, développer à son tour ».

2. L'INTERPRETATION DE L'APHASIE SELON JACKSON

7. Les remarques précédentes servent d'introduction à l'interprétation de l'aphasie telle qu'elle a été proposée

par Hughlings Jackson dont les travaux sur cette question ont été publiés dans le dernier tiers du XIXe siècle. Suivant l'inspiration évolutionniste qui marque les œuvres de Darwin et de Spencer, Jackson appliquant sa réflexion à l'étude du fonctionnement du système nerveux a soutenu la thèse selon laquelle la dissolution des fonctions se fait dans l'ordre inverse de leur évolution. L'intégration du système nerveux se faisant progressivement, par étapes, au cours de l'évolution, toute atteinte de ce système doit provoquer une régression non pas incohérente, mais ordonnée, redescendant en quelque sorte, par le même chemin, les étapes précédemment franchies. Si l'on regarde dans cette perspective le problème particulier posé par l'aphasie, on devra donc admettre que l'atteinte du langage se caractérise par un retour à des niveaux fonctionnels moins élaborés, moins structurés, moins hiérarchisés que le niveau du langage normal, langage fondé sur l'initiative du sujet et sur sa capacité à former des propositions. Le langage de l'aphasique n'est donc pas détruit sous un ou plusieurs aspects comme l'affirment les tenants de l'associationnisme, il est seulement modifié, et cette modification est d'autant plus sensible que la régression s'étend à des niveaux plus inférieurs. Par exemple, si l'organisation syntaxique fait défaut cela n'implique point que les mots que le malade ne sait plus intégrer dans une telle organisation, ne soient plus à sa disposition à un autre niveau, celui des réponses automatiques. Il peut y avoir une perte de l'incitation volontaire alors que pourtant l'incitation spontanée est conservée.

8. Précisément, avant même que Jackson ne développpât l'ensemble de ses thèses, un médecin français Baillarger, soutenait à l'Académie de médecine, en 1865, une opinion analogue. Pour suivre l'ordre historique c'est

donc à cet auteur (auquel Jackson devait d'ailleurs rendre hommage par la suite) que l'on fera d'abord référence. Aux interprétations de l'aphasie proposées à cette date, celle de l'incoordination motrice et celle de l'amnésie des mots, Baillarger oppose une interprétation différente qui peut se résumer ainsi: à la suite de lésions du cortex l'aphasie consiste en l'abolition des incitations motrices volontaires tandis que persistent les incitations motrices spontanées. A l'appui de cette thèse Baillarger observe que l'amnésie des mots n'est pas un trait systématique dans l'aphasie; en effet, d'une part les troubles de l'expression orale ne s'accompagnent pas nécessairement de troubles de l'expression écrite, et d'autre part, s'il est vrai que, dans l'expression orale, le déficit consiste en une perte de l'opportunité du langage (le malade « oublie » les mots au moment où il lui serait utile de les prononcer), il est tout aussi vrai que le déficit ne consiste pas en l'abolition du langage (car le malade peut prononcer ces mêmes mots, en d'autres occasions). Il n'y a donc point amnésie au sens littéral, mais seulement inadéquation de l'intention à l'expression, ou encore perte de l'initiative verbale. Ainsi, dans l'exemple cité précédemment, le sujet aphasique n'a pas oublié le nom de telle ou telle couleur; il prononcera ce nom en d'autres occasions; mais il ne parvient pas à le mobiliser dans la situation expérimentale donnée, comme si le mécanisme répétitif créé par cette situation déterminait une inhibition de l'initiative volontaire.

9.   Répondant d'autre part à Broca et aux partisans de la thèse de l'incoordination motrice, Baillarger observe que s'il est vrai que quelques malades sont absolument privés de l'usage de la parole, presque tous disposent, au moins de quelques mots, ou même seulement de quelques

onomatopées, et que dans ce bagage linguistique même appauvri à l'extrême, les éléments conservés continuent à être prononcés distinctement. En conséquence, de deux choses l'une : ou bien la fonction orale est totalement empêchée et l'on ne peut, dans ce cas, parler d'incoordination, mais d'abolition ; ou bien cette fonction est partiellement conservée, et comme dans ce cas, elle continue à s'exercer correctement du point de vue articulatoire, bien que dans un champ expressif réduit, on ne peut davantage parler d'incoordination, mais seulement de limitation. Aussi bien on dira que le langage est atteint non point dans sa matérialité mais en tant que processus volontaire. « Quand on lit les observations d'aphasie, écrit Baillarger, on constate chez un certain nombre de malades ce phénomène singulier qu'il leur est impossible de prononcer certains mots quand ils essaient de le faire et qu'ils appliquent toute leur énergie de volonté ; au contraire, quelques instants après ils prononcent ces mêmes mots sans le vouloir ». C'est donc bien l'incitation volontaire qui est atteinte, alors que l'incitation spontanée restée intacte continue à se manifester hors du contrôle de la volonté et en prenant appui éventuellement sur d'autres impulsions venues de l'affectivité. Comme on l'a déjà signalé, des malades retrouvent très provisoirement la parole sous le choc d'une émotion ou dans un état de surexcitation ; les modes syntaxiques qui émergent le plus aisément à partir de ces états sont l'interrogatif et surtout l'exclamatif, tandis que les mots utilisés sont des termes familiers, vulgaires, ou des jurons.

10. Il y a donc dans l'aphasie — et toute la spécificité du trouble réside dans cette constatation — non pas une perte des mots en tant que souvenirs sonores ou visuels ou kinesthésiques définitivement abolis, non pas un défi-

cit quantitatif, et non plus un effondrement total du processus articulatoire, mais une régression ou une dissolution de l'usage volontaire au profit de l'usage automatique du langage. C'est dans cet usage automatique que « surgissent des mots sans suite dont quelques malades ont conscience, mais qui, chez beaucoup d'autres, leur semblent être la traduction exacte de leurs pensées... il s'agit toujours de l'incitation verbale involontaire de la parole automatique substituée à l'incitation verbale volontaire ». Régression, dissolution, substitution, l'usage même de ces termes est directement annonciateur de la thèse jacksonienne déjà brièvement esquissée ci-dessus. Si l'activité nerveuse est fortement hiérarchisée, si elle comporte des étapes et des niveaux à la fois plus complexes et plus fragiles à mesure que l'on s'élève dans l'échelle de l'adaptation, on comprend que des altérations de ce système sous forme de lésions cérébrales contribuent simultanément à décapiter les modalités supérieures d'une fonction et à libérer de façon apparamment anarchique les aspects intermédiaires ou inférieurs. Mais, en fait, il y a une logique du trouble : celui-ci n'est point un désordre, si l'on entend par là un processus purement négatif; c'est un autre ordre, un ordre de régime inférieur où la volonté ne peut plus intervenir sous son double aspect : incitateur et inhibiteur.

11. La doctrine jacksonienne de l'aphasie repose sur deux ordres de considérations : d'une part, la pathologie du langage est un cas particulier de la pathologie des fonctions nerveuses en général, d'autre part, sans ignorer que l'exercice normal du langage est lié à l'intégrité des zones cérébrales, on ne doit pas confondre les conditions physiologiques et les conditions psychologiques de cet exercice. Aussi Jackson écrit-il que « localiser la lésion

qui détruit le langage et localiser le langage sont deux choses différentes»; ce serait une absurdité, par exemple, que de vouloir assigner un centre à la mémoire des mots. Sur le premier point, s'inspirant des vues de Herbert Spencer, Jackson inscrit les troubles du langage dans la dialectique de l'évolution et de la dissolution de l'activité nerveuse. Celle-ci se constitue au cours de son progrès en suivant trois critères complémentaires: passage du plus organisé au moins organisé, c'est-à-dire de centres inférieurs stables (tels ceux de la vie végétative) à des centres supérieurs toujours en voie de changement et de réorganisation (tels ceux de la vie de relation); passage du plus simple au plus complexe, les structures nerveuses supérieures étant à la fois plus différenciées dans leur constitution et plus fragiles; passage du plus automatique au moins automatique, c'est-à-dire d'une activité entièrement et directement déterminée (ainsi de l'activité réflexe) à une activité à la fois plus souple, plus variée et plus diversifiée en raison des rapports qu'elle entretient avec la série des centres subordonnés qui concourent à sa production. Lorsque, par suite d'une lésion, l'intégrité du fonctionnement cérébral se trouve altérée, cette altération consiste en une dissolution qui reprend en sens inverse la marche de l'évolution. C'est donc dans la direction du plus complexe au plus simple, du plus fluide au plus stable, du plus délibéré au plus automatique que la fonction régresse. En termes de psychisme, le mouvement descendant est celui qui, décapitant la vie de relation (adaptation, communication) se stabilise au niveau de la vie végétative et, éventuellement, libère, en un niveau intermédiaire, la vie affective (dominance des émotions sur les motivations conscientes et volontaires).

12. Le mécanisme de la dissolution ainsi compris met

en évidence la caractéristique propre de tout phénomène pathologique : celui-ci ne crée pas un état nouveau par rapport à l'état normal ; il résulte seulement de la conjonction de deux particularités, à savoir l'abolition de processus d'ordre supérieur et la libération de processus d'ordre inférieur. Ces derniers, exempts de tout contrôle venu du niveau supérieur, non seulement continuent à fonctionner mais encore tendent à occuper la place laissée vacante par les activités abolies, et, par conséquent tendent à une suractivité inadaptée. C'est donc, à la fois, la disparition des aspects supérieurs et le renforcement des aspects inférieurs qui laissent croire qu'un mode nouveau de réactivité est créé dans l'état pathologique alors qu'en réalité cette réactivité n'a fait que prendre une modalité particulière constituée, en quelque sorte, des restes du fonctionnement normal. Il est rare, toutefois, sinon exceptionnel, que la dissolution présente un caractère uniforme, c'est-à-dire qu'elle ramène le fonctionnement nerveux dans son ensemble à un même stade de régression ; bien plus souvent la dissolution présente un caractère local ; les diverses modalités de fonctionnement sont altérées à des degrés variables. Mais il est vrai aussi que cette localisation est moindre pour les centres supérieurs que pour les centres inférieurs car les premiers commandent, évidemment, en ordre composé des opérations plus nombreuses et plus variées ; de sorte que, s'il est une région cérébrale dont dépend l'initiative des mouvements, une atteinte de cette région affectera l'ensemble de l'activité volontaire (qu'il s'agisse, par exemple, de la gesticulation corporelle en général ou de la gesticulation orale en particulier). Au niveau des centres supérieurs, le fait que tel ou tel organe soit représenté directement dans une zone délimitée n'exclut pas que tous les autres le soient indirectement, de façon plus diffuse.

On doit observer enfin que la localisation précise d'une lésion par rapport à un centre déterminé a une incidence sur le mode de production, sur la qualité de la dissolution. On assiste à des phénomènes de destruction de la fonction lorsqu'un centre est directement atteint ou à des phénomènes de décharge lorsque la lésion siège au voisinage du centre sans que celui-ci soit affecté. D'où l'apparente ambiguïté des états pathologiques oscillant fréquemment de la rigidité à l'exubérance.

13. On comprend que cette analyse des caractéristiques générales de la dissolution des fonctions nerveuses puisse s'appliquer aisément aux troubles aphasiques dès lors que l'on admet avec Jackson que le langage est une fonction volontaire d'un degré symbolique particulièrement élevé. « Words are in themselves meaning less, écrit-il, they are only symbols of things or of "images" of things; they may be raid to have meaning "behind them". A proposition symbolises a particular relation of some images » (le mot image étant entendu ici comme « tout état mental qui représente les choses »). En conséquence, les troubles du langage doivent se caractériser par une régression des aspects les plus volontaires et les plus élaborés aux aspects les plus automatiques et les plus rudimentaires. Alors que le moment volontaire du langage correspond à une phase objective contrôlée telle que la formulation verbale y prend toujours un caractère propositionnel dont l'usage correct de la syntaxe est le garant, le moment automatique correspond à une phase subjective incontrôlée telle que les émissions verbales perdent la cohérence que seule l'intention expressive pourrait leur conférer. Conformément à la doctrine générale de la dissolution, il y a donc lieu de distinguer dans ces perturbations une face négative qui correspond à la

décapitation du langage intellectuel, lequel suppose, non pas seulement la richesse et l'adéquation du vocabulaire, mais aussi et surtout la constitution des unités phrastiques souples que sont les propositions — de sorte que tout langage authentique est fait de relations entre les mots sous couvert du canevas syntaxique, et non pas d'une superposition de mots dotés d'un sens univoque au préalable (on remarquera que cette conception rompt complètement avec les vues associationnistes, alors qu'en revanche, elle est très proche de celles de Bergson) — et une face positive qui correspond à l'émergence et au renforcement d'autres réactions verbales, ou même non verbales, venant se substituer à l'activité propositionnelle et s'efforçant, en quelque sorte, d'en compenser la vacance.

14. Parmi les réactions non verbales il convient de signaler toute la gesticulation des sujets aphasiques, qui, d'une part, sous son aspect négatif, témoigne de leur incapacité à accomplir un ordre, à exécuter une consigne volontairement (ce dont on a vu que d'autres auteurs donnent maints exemples) et, d'autre part, sous son aspect positif, témoigne de la conscience qu'ils ont euxmêmes de leur incapacité et des efforts de suppléance auxquels ils se livrent et qui aboutissent parfois, lorsque, renonçant à exercer leur volonté défaillante, ces malades réussissent automatiquement ce qu'ils ne parvenaient pas à accomplir intentionnellement. Ne serait-ce que d'après les manifestations paradoxales de cette activité non verbale on pourrait avancer l'opinion que ce qui est en cause dans l'aphasie n'est point la fonction symbolique en elle-même — puisque le malade, par les efforts mêmes qu'il accomplit, par ses succès occasionnels, et par la gesticulation elle-même symbolique qu'il adresse à d'au-

tres personnes et par laquelle il exprime son désarroi et son impuissance, porte toujours témoignage de la conscience qu'il a du but à atteindre et de ses propres insuffisances — mais c'est l'intentionnalité qui se rattache à cette fonction et qui, seule, en permet l'accomplissement. Il ne s'agit donc point forcément d'un trouble massif de la représentation et des capacités intellectuelles; il s'agit d'une rupture dans la chaîne qui va de la représentation à l'acte par l'intermédiaire du vouloir. Aussi, à la différence de P. Marie, Jackson ne pense pas que l'intelligence est fondamentalement altérée dans l'aphasie, mais seulement les aspects de l'intelligence ou les usages directement subordonnés à l'exercice de la volonté.

15. Les réactions verbales automatiques se rapportent, en particulier, à la catégorie des phénomènes de décharge. On relèvera ici, en particulier, liées à l'affectivité dominante, les manifestations du langage émotionnel et les émissions verbales occasionnelles, et, liées à l'automaticité, les émissions verbales stéréotypées, les persévérations, les phrases toutes faites qui se déroulent d'elles-mêmes sans aucun dynamisme intentionnel et qui sont, en fait, des propositions mortes («dead propositions» écrit Jackson). Le langage émotionnel n'est pas, à proprement parler, un langage; non seulement il ne comporte point de syntaxe, mais l'emploi des mots y est fort limité et le plus souvent remplacé par des interjections et des exclamations. Il vaut essentiellement par la modulation et les inflexions de la voix, intonations qui ne sont pas des signes linguistiques mais des signaux d'états internes. Au travers de ces flexions vocales, le sujet aphasique parvient à faire passer un message sans valeur discursive, mais dont le sens global peut être, néanmoins,

appréhendé intuitivement. La musique de la voix exprime des émotions douces tandis que les éclats, les ruptures, les vociférations reflètent des états de tension. Il est évident à cet égard que les jurons si souvent employés à des moments de colère n'ont aucune portée en tant que signes; ni affirmatifs ni négatifs ils n'ont pas non plus valeur prédicative dans une phrase. Du reste, il est aisé de constater que, pas davantage que d'autres vocables, les jurons ne peuvent être prononcés à froid, sur ordre ou intentionnellement. Ils constituent typiquement des décharges de l'affectivité; ainsi en va-t-il pour tout sujet qui, invité à répéter un juron et n'y parvenant point, s'irrite de son impuissance et, finalement, jure au moment même où il déclare son impuissance.

16. Les émissions occasionnelles dont on peut distinguer plusieurs niveaux — depuis un niveau infra-linguistique (onomatopées) jusqu'au niveau du langage proprement dit (phrases correctement énoncées) — présentent ce caractère particulier de ne surgir qu'explosivement et exceptionnellement dans l'expression du malade, soit sous le coup d'une excitation forte, soit dans une situation inaccoutumée. Le plus souvent de caractère exclamatif elles se bornent à des interjections ou à des jurons inhabituels. A un degré intermédiaire, on trouve des mots-phrases, ou, plus rarement, au degré le plus élevé, des propositions de type exclamatif ou interrogatif dont la syntaxe est correcte. Un malade, à qui l'on n'a pu cacher un accident grave survenu à plusieurs membres de sa famille s'écrie : « Mon Dieu, je vous en prie, sauvez-les »; un autre, surpris et amusé de voir un chat niché dans une boîte à chaussures, éclate de rire et dit : « Non mais, regardez ce chat ! qu'est-ce qu'il est drôle »; un autre, furieux de ce que la même personne laisse plusieurs fois de

suite une porte ouverte, s'exclame : « cette vache-là ne va pas fermer la porte ! ». Ces exemples pris parmi beaucoup d'autres sont d'autant plus significatifs qu'il s'agit de malades dont le langage est ordinairement réduit à quelques onomatopées. L'entourage du malade est toujours étonné, comme Ombredane en fait la remarque, de « la correction de telles émissions occasionnelles de la part d'un individu qui ne parvient ordinairement à rien dire d'intelligible ». Ce sont là, en tout cas, des manifestations qui permettent de rejeter la thèse de la perte définitive des images verbales et qui, au contraire, renforcent la thèse de la libération de l'usage inférieur automatique du langage sous l'influence de l'affectivité.

17. Les émissions stéréotypées sont des éjections verbales communément, ou même constamment, utilisées par les malades en réaction aux stimulations et situations les plus diverses. Qu'il s'agisse d'onomatopées, d'expression déformées (jargon, paraphasie), de mots isolés, de fragments de phrases, ces vocables et tournures employés en toutes circonstances et, par conséquent, de façon inadéquate, n'ont aucune valeur en tant que signes. Emis de façon impulsive et d'autant plus souvent répétés que la tension ressentie est plus forte, ils constituent un trait constant, comme on l'a déjà vu, chez les aphasiques à dominance de troubles moteurs. Jackson estime, pour sa part, que la persistance de ces vocables stéréotypés est liée au mot ou à la phrase que le sujet prononçait ou s'apprêtait à prononcer au moment même où il a été victime de l'atteinte cérébrale. Cette hypothèse lui semble confirmée par le fait que les termes subsistants sont effectivement en rapport avec la situation particulière dans laquelle se trouvait alors le malade. On doit noter, par ailleurs, la conservation fréquente des vocables oui ou

non. Cette persistance s'explique évidemment par l'extrême fréquence d'usage de ces deux mots dans le langage courant, ainsi que par la simplicité de leur émission et par leur caractère fréquemment automatique, exclamatif et proche de l'action. Mais il est aussi remarquable que leur emploi soit souvent indépendant de leur signification et de leur valeur en tant que propositionnelle. Le sujet prononce oui ou non indifféremment alors que son intention exprimée gestuellement ou par une mimique est clairement affirmative ou négative. Il s'agit donc dans ce cas particulier d'un nouvel argument en faveur de la réduction de l'usage volontaire à l'usage automatique du langage.

18. Si l'aphasie ne consiste point en l'annihilation complète du langage mais en la privation de certains de ses usages, si elle se caractérise fondamentalement en l'incapacité de construire des propositions exprimant l'intentionnalité du sujet ou son pouvoir de gouverner sa propre volonté, on comprend que la distinction opérée par plusieurs auteurs entre un langage extérieur matérialisé en mots effectivement prononcés et un langage intérieur correspondant à une mémoire des mots, soit de peu d'intérêt pour Jackson. En fait, dans les deux cas, les mêmes processus centraux d'activité nerveuse sont à l'œuvre, et les mêmes moments — volontaire, automatique, objectif, subjectif, élaboré, spontané — peuvent y être distingués. Si l'acte de parler « à l'extérieur » implique dans son usage normal une organisation des mots en phrases et en discours, il en va sensiblement de même dans la parole intérieure qui suppose, elle aussi, dans l'usage normal, et même si les processus sont alors moins articulés, plus elliptiques, une composition de mots en propositions ou ébauches de propositions. Il est même

probable que dans ce dernier cas la flexion d'ensemble de la phrase l'emporte sur la formulation proprement dite, ce qui permet au discours silencieux de progresser en raccourci sans l'embarras et les hésitations que la recherche des termes adéquats détermine souvent dans le discours extérieur. La dissociation provoquée par l'aphasie ne réside donc point entre un langage intérieur qui serait conservé et un langage extérieur qui serait détruit (ou inversement); la dissociation réside entre l'usage volontaire, structuré, propositionnel, et l'usage automatique explosif, non élaboré de ces deux langages; elle y produit les mêmes perturbations et régressions. Aussi la distinction entre une aphasie motrice par atteinte du processus élocutoire, le langage intérieur étant conservé, et une aphasie sensorielle altérant le langage intérieur, sans atteinte de l'élocution, paraît-elle bien formelle, même si elle est commode. Jackson interprète autrement la nature des déficits responsables des diverses formes d'aphasie.

19. Il n'est pas douteux que, dès que l'on sort de la considération du langage comme mécanisme élocutoire, c'est-à-dire comme une certaine activité motrice spécialisée, et que l'on regarde le langage quant à son usage représentatif et à son sens, ses rapports avec la perception apparaissent comme fondamentaux. La pensée se développe à l'aide de mots mais les mots sont les symboles ou les images des choses; et les propositions du langage ne font que représenter des perceptions, ou plutôt, prolongent en les symbolisant des propositions de perception sans lesquelles le langage vidé de sens et de tout rapport au monde, ou bien serait purement vocal ou bien serait purement formel. Dans son usage normal le langage est, pour ainsi dire, à la couture d'une activité élocutoire ou expressive et d'une activité perceptive. En termes

jacksoniens la première activité est principalement d'ordre audito-articulatoire (l'expression orale se faisant par mécanismes laryngo-buccaux sous le contrôle de l'ouïe; ainsi peuvent être identifiés en même temps que prononcés les mots et les phrases, la seconde activité est principalement d'ordre rétino-oculaire (la perception des objets se faisant principalement par la voie visuelle : impressions rétiniennes et mouvements des globes oculaires). Mais l'une et l'autre série peuvent se situer à différents niveaux de fonctionnement : ou bien, au niveau automatique lorsque, s'il s'agit de l'expression orale, mots et phrases peuvent être prononcés sous le coup d'une émotion, hors du contrôle de la volonté, et s'il s'agit de la perception, les excitations sensorielles peuvent provoquer l'apparition d'images et de signaux perceptifs non élaborés; ou bien au niveau volontaire lorsque l'expression orale s'organise intentionnellement en vue d'une fin, aboutissant alors à des propositions coordonnées par une syntaxe, et lorsque la perception est orientée, guidée, développée par les intentions du sujet qui forme ainsi à la place de données brutes, éparses, ces propositions de perception qui ont la même signification, du point de vue de l'activité volontaire, que les propositions du langage. Ces propositions se renforcent d'ailleurs mutuellement puisque l'intention expressive canalise le contenu de la perception, et, de même l'intention perceptive le mouvement de l'expression.

20. Dès lors, selon que le trouble porte principalement sur la série audito-articulatoire ou sur la série rétino-oculaire on aura affaire soit à des cas d'empêchement de la parole (loss of speech, ou speechlees patient), soit à des cas de perturbation de la parole (defect of speech ou imperception). Dans le premier cas c'est l'usage volon-

taire de l'expression verbale qui est atteint alors que dans le second cas c'est l'évocation volontaire des images et des idées qui leur sont associées qui est altéré. Les deux séries de troubles peuvent se produire séparément (verbalisation compromise ou recognition altérée); elles peuvent aussi se combiner. On retrouve donc, dans un éclairage nouveau les trois principales formes d'aphasie. Dans la première forme le malade a perdu l'usage propositionnel du langage; il ne peut donc parler, ni lire, ni écrire, ni même s'exprimer par des propositions pantomimiques. En revanche, le langage émotionnel est conservé ainsi que la capacité d'émissions verbales stéréotypées ou occasionnelles; la compréhension de la parole est maintenue au niveau le plus usuel correspondant à d'anciennes associations acquises avant la maladie. La perception est inaffectée; le malade reconnaît les objets et discerne les formes, y compris les formes de l'écriture, bien qu'il n'en saisisse pas le sens. En outre, selon que l'atteinte porte sur les centres moteurs de la parole ou sur des zones voisines, on observe soit des symptômes de destruction soit des symptômes de décharge. Dans ce second cas, le trouble du langage consiste moins en une privation qu'en une inadéquation; la phase subjective du langage l'emportant sur la phase objective détermine un désordre constant des enchaînements verbaux; il y a paraphasie. La première forme d'aphasie représente donc des caractéristiques que d'autres auteurs imputaient à des formes différentes: sensorielle ou motrice. Jackson n'en fait point, au contraire, des entités indépendantes; ce sont des manifestations différentes d'un même trouble déterminées fondamentalement par la dominance de la phase subjective, et secondairement, soit par l'abolition, soit par l'irritation de la fonction.

21. Dans la deuxième forme d'aphasie, l'atteinte du système rétino-oculaire produit un trouble général de la perception et de la recognition des objets, tel que le sujet n'est plus apte à former des propositions d'objets et d'action. Naturellement, un tel désordre retentit sur le langage aussi bien dans l'expression que dans la compréhension. Si le malade conserve intact son pouvoir d'élocution, les phrases qu'il forme sont entachées d'incorrections; le sens des mots entendus lui échappe. De même que dans la première forme d'aphasie, on peut distinguer des phénomènes de destruction (le malade ne parle pas, non par incapacité motrice, mais parce qu'il a perdu le sens même de la parole) et des phénomènes de décharge (le malade parle d'abondance, mais de façon incohérente, ce qui atteste la dominance de la phase subjective de la perception). Enfin, dans la troisième forme où la lésion affecte simultanément la motricité du langage et l'activité perceptive les troubles se combinent, cumulant la privation de l'élocution, l'imperception et la non-recognition. Il est aisé de comprendre que dans cette dernière forme la perturbation de la sphère intellectuelle de compréhension et d'élaboration intentionnelle prend un caractère massif résultant de la convergence des divers déficits.

22. Du point de vue anatomique l'interprétation de Jackson présente les mêmes qualités d'originalité, de cohérence et de rigueur. L'auteur n'assigne pas de centres particuliers au langage; mais il reconnaît l'existence de zones sensorielles et de zones motrices et celle de centres des mouvements volontaires qu'il situe dans la zone préfrontale (plus exactement dans la région du corps strié, à hauteur de la partie postérieure de la troisième circonvolution frontale). Toutes les autres zones étant subordonnées à celle-ci dans un ordre composé, il en résulte

qu'une atteinte du cortex moteur ou du cortex sensoriel ne provoque qu'un déficit en rapport avec le moment moteur ou avec le moment sensoriel du langage, tandis que l'atteinte du cortex préfrontal détermine un déficit global puisque les deux moments sensoriel et moteur se trouvent dans la dépendance du moment volontaire. Qu'il y ait donc un support spécialisé situé dans le cerveau gauche dans la région du corps strié, sorte de commande unilatérale du langage volontaire, cela n'est pas niable pour Jackson : la lésion directe du corps strié a pour effet, en particulier, de détruire l'usage propositionnel du langage. Mais, en dehors de ce support, il existe d'autres organisations nerveuses plus élémentaires qui constituent des supports de la verbalisation automatique. Ces supports existent aussi bien dans l'hémisphère droit que dans l'hémisphère gauche. De sorte qu'une lésion de l'hémisphère gauche n'entraîne pas l'oblitération de toute possibilité de verbalisation inscrite dans l'autre hémisphère : simplement elle provoque la régression de ces possibilités au niveau de la phase automatique du langage. (On remarquera que ces vues de Jackson ont été confirmées par des données expérimentales récentes).

23.   Comme on vient de le voir, la remarquable analyse de Jackson établit la relation existant entre l'aphasie et la désorganisation générale du psychisme sous l'angle de la dissolution de l'activité volontaire. Elle se distingue des conceptions proprement noéticiennes en n'accordant que peu d'intérêt au déficit proprement intellectuel. Pour Jackson, en effet, il est vain de vouloir séparer l'intelligence du langage et de chercher dans les troubles de la première la raison des déficits du second ; toute conduite intellectuelle suppose quelque interaction avec les processus du langage et, également d'ailleurs, avec les pro-

cessus de la perception. Si l'intelligence est atteinte dans l'aphasie ce ne peut donc être comme une entité indépendante, et ce ne peut être non plus, simultanément, sous tous ses aspects, mais seulement, tout comme le langage, dans son usage volitionnel. D'autre part, en réinsérant la pathologie du langage dans la pathologie du fonctionnement nerveux en général et en montrant que l'aphasie est un trouble des conduites propositionnelles et non un simple déficit des instruments du langage, Jackson récuse la doctrine des images et des centres cérébraux — ces derniers jouent évidemment un rôle au niveau des processus sensori-moteurs mais ils ne peuvent être considérés comme les sièges de l'élaboration intentionnelle de la pensée. Le moment essentiel du langage étant le moment volontaire on ne peut comprendre les troubles du langage que par référence à la perte d'initiative qui affecte le sujet. Il faut se garder de mettre systématiquement les classifications cliniques sous la dépendance de classifications anatomiques. La démarche permettant d'approcher au mieux la compréhension de l'aphasie ne peut être que celle de l'analyse psychologique. Partant de cette idée que l'aphasie est une maladie du pouvoir volontaire de la parole on recherchera d'abord quelles sont les caractéristiques normales de ce pouvoir et quels liens l'unissent fondamentalement à l'exercice de la pensée.

3. DE LA VOLONTE A L'INTENTIONNALITE; LES ATTITUDES DE CONSCIENCE

24. Cette investigation s'est constituée et approfondie — même indépendamment du problème de l'aphasie — à partir du début du XXe siècle dans les travaux de Binet sur la pensée sans image et dans les recherches de l'école de

Wurzbourg sur les attitudes de conscience. Quelles qu'aient été les préoccupation propres à ces auteurs, en particulier d'un point de vue psycho-philosophique leur intention de récuser définitivement les thèses de l'associationnisme, leur contribution à la compréhension des rapports de la pensée et du langage est éclairante pour la distinction des aspects du langage normal et du langage pathologique. Elle s'inscrit implicitement dans le prolongement des thèses de Jackson. L'ensemble des conditions intérieures participant à l'élaboration de la pensée : attitudes, montages intentionnels, consignes implicites, tendances à la persévération dans l'accomplissement des tâches intellectuelles, constituent une constellation de traits à laquelle on attachera progressivement plus d'importance qu'aux mécanismes sensori-moteurs. Aussi, les interprétations ultérieures de l'aphasie seront-elles inspirées de cet état d'esprit; la conjonction des vues jacksonniennes et des nouvelles observations des psychologues se réalisera, en particulier, dans les travaux d'Arnold Pick et d'André Head. Selon des spécifications et des modalités diverses dont on trouve aussi des manifestations chez d'autres auteurs contemporains, ces interprétations se rattachent toujours au même thème central selon lequel tout langage expressif est subordonné au caractère intentionnel et orienté des mouvements de la pensée. Les propositions constitutives du langage dépendent, non seulement — comme le disait Jackson — de propositions de perception, mais encore de propositions de prospection gouvernant en profondeur l'univers intérieur du sujet. Toute pensée devant aboutir à une expression articulée, déployée dans le temps du discours, comporte, au préalable, un aspect d'intentionnalité prospective.

25. L'œuvre de Binet s'inscrit en opposition à la

conception sensualiste et nominaliste qui domine encore
à la fin du xixe siècle, prolongeant le sensualisme de
Hume et de Condillac. Conception selon laquelle l'idée
ou le concept n'est qu'une sensation atténuée, sorte de
fantôme de la perception lié à d'autres idées par le mécanisme strict de l'association. On a déjà vu que le représentant français de cette conception est H. Taine avec sa
définition de l'esprit comme un polypier d'images mutuellement dépendantes. Cette définition réduit la vie de l'esprit à des combinaisons d'images ou de mots qui en sont
les signes; aucun dynamisme n'est reconnu à la pensée,
celle-ci étant comme le décalque de la sensation et de
l'expérience. Une telle interprétation déjà vivement criti-
quée par Bergson est également récusée par Binet. Dans
son *Etude expérimentale de l'intelligence* (1903) il sou-
tient une thèse toute différente selon laquelle la pensée
est, en nature, indépendante des combinaisons d'images,
même si, accessoirement, elle prend appui sur celles-ci.
La pensée implique essentiellement une attitude prospective, une tension, un élan; la pensée est un mouvement.
Elle doit être comprise en tant qu'intention, sorte d'attitude intérieure dirigée vers un but sans le secours d'images ni même de mots. Dans toute activité réflexive s'ef-
fectuant volontairement on trouve «une pensée antérieure aux mots qui l'expriment, une pensée dirigeant les
mots et les organisant». Ainsi, les sujets de Binet, prati-
quant l'introspection expérimentale, observent que
lorsqu'ils ont à fournir un effort intellectuel intentionnellement, en toute conscience, leur pensée fonctionne,
pour ainsi dire, à l'état pur, sous la forme d'orientations
méthodiques, de décisions formelles susceptibles de
s'appliquer à un contenu mais antérieures à celui-ci.
C'est seulement lorsque cette tension particulière fléchit

que la pensée, changeant en quelque sorte de régime, cherche des points d'appui du côté des images et des mots.

26.   Les recherches de Binet sur la pensée sans image prolongent certaines observations de Ribot qui était déjà parvenu à des conclusions voisines, estimant que lorsqu'un mot est entendu, ce mot peut être compris sans que le sujet ait dans sa conscience autre chose qu'une prise immédiate de signification essentiellement différente de la représentation sensible que ce même mot peut évoquer sous forme d'images visuelles, auditives ou motrices. Ultérieurement, reprenant la question de la pensée pure dans un article de synthèse, Ribot devait écrire : «La pensée ne se réduit pas à l'image, ni aux mots ; elle comporte un troisième terme (ou tertium quid) qui est la conscience d'un rapport». Jugement que l'on retrouve, plus nettement articulé, chez Binet lorsque, dans la conclusion de son ouvrage, il marque son opposition à la thèse de l'imagerie mentale : «Nous avons constaté que le travail de la pensée n'est point suffisamment représenté par le mécanisme des associations d'idées ; c'est un mécanisme plus complexe qui suppose constamment des opérations de choix, de direction. Nous avons vu aussi que l'imagerie est bien moins riche que la pensée ; la pensée, d'une part, interprète l'image qui est souvent informe, *indéfinie* ; d'autre part, la pensée est souvent en contradiction avec l'image, et toujours plus complète que l'image et parfois aussi elle se forme et se développe sans le secours d'aucune image appréciable. Dans la généralisation c'est *l'intention*, ou, en somme, la direction de pensée qui constitue le général et non l'image... Enfin, et c'est là le fait capital : *toute la logique de la pensée échappe à l'imagerie*». Plus tard, dans un article de

l'Année psychologique (1908) Binet écrit encore: «Nous croyons avoir mis hors de doute, par des observations précises, qu'il y a une pensée sans image, qu'il y a une pensée sans mots et que la pensée est caractérisée par un sentiment intellectuel».

27. Il y aurait donc ainsi une activité propre de l'esprit dont la psychologie génétique montre, d'ailleurs, qu'elle ne peut s'exercer adéquatement que lorsque l'esprit est capable de dépasser le stade des opérations concrètes pour atteindre celui des opérations formelles, opérations qui montrent que l'esprit fonctionne bien pour lui-même, de façon autonome, indépendamment de ses contenus. De telles observations ont évidemment rapport avec la question du langage et de son fonctionnement, car celui-ci paraît alors subordonné dans ses usages supérieurs à une logique de la pensée, ou, du moins, à une activité mentale prélinguistique. La question de la pensée pure peut être, certes, discutée (on rappellera, par exemple, les réserves de Burloud: «La pensée la plus abstraite se meut dans une sorte de décor fantasmagorique, où, sans cesse, surgissent des ombres, ombres de mots, ombres d'images; chacun de ces éléments a sa place et ses propriétés dans l'ensemble, et, s'il est plus riche de qualités formelles que de qualités sensibles, celles-ci ne lui font pas entièrement défaut...») ainsi que la question de la vraie nature de l'attitude mentale, mais le mode d'analyse qui met en évidence ces attitudes, ainsi que l'activité anticipatrice de l'esprit ne peuvent être récusés. Ce mode d'analyse s'est trouvé, du reste, repris et développé à la même époque dans les recherches effectuées par les psychologues de l'école de Wurzbourg (1903-1914): Marb, Ach, Watt, Messer, Bühler, Selz. Ces recherches ont porté sur les processus supérieurs de la pensée, sur les

diverses modalités de la fonction symbolique (études sur le jugement, l'abstraction, les rapports de l'activité volontaire et de la pensée). La méthode utilisée a été l'introspection expérimentale — déjà employée par Binet — c'est-à-dire cette méthode qui fait appel à l'attention volontaire du sujet sur ses propres états de conscience au cours d'une épreuve réclamant une tension intellectuelle, et qui doit aboutir à la description objective de ces états.

28. Les expériences effectuées par ces divers auteurs et les résultats obtenus les ont amené à désigner « comme éléments primordiaux de la pensée qui cherche à se formuler des états psychologiques spéciaux, non réalisés en images, non verbalisés intérieurement, susceptibles d'être définis comme un sentiment intellectuel, comme un savoir implicite, comme une orientation méthodique de l'effort intellectuel, comme une détermination formelle préalable de la réponse attendue ». Ces états spéciaux seraient donc comme des schèmes dynamiques procédant par opérations formelles, par attitudes catégorielles ou encore par attitudes de conscience qui, précédent les contenus représentatifs les informent, les structurent, les font passer du latent au manifeste. De telles attitudes comportent plusieurs traits distinctifs parmi lesquels on retiendra, en particulier, l'orientation préliminaire de l'attention, la persévération de la conduite, le rôle joué par des conduites auxiliaires servant de point d'appui. C'est ainsi que lorsqu'une tâche intellectuelle est à accomplir le sujet ne s'engage pas immédiatement dans l'exécution; une opération réflexive préliminaire consiste en la recherche d'une ligne de conduite ou en l'acceptation et l'assimilation de celle qui est suggérée par l'expérimentateur. Les consignes mentales ainsi adoptées ont un caractère volontariste; elles sont comme des serments que la

pensée se fait à elle-même afin d'avancer dans la résolution d'un problème en suivant un ordre. Elles excluent les associations purement fortuites et automatiques que les sujets, en général, répugnent à effectuer — comme le montrent les rapports expérimentaux. L'attitude de conscience comporte donc comme trait significatif une orientation préméditée de l'attention selon une consigne; elle crée un montage mental ou une constellation thématique (Einstellung) en vue de réaliser la conduite la plus opportune.

29. Cette attitude est maintenue en cours d'exercice; le sujet s'y réfère de temps à autre. Elle induit donc une persévération du comportement, attestée, à la fois par les rapports des sujets et des réactions contrôlables de l'extérieur, objectivement. C'est ainsi que lorsque l'expérimentateur intervient durant l'exécution d'une tâche pour donner une autre consigne, des réponses inadéquates se manifestent provisoirement. Les attitudes impliquées par la conduite en cours résistent et entrent en conflit avec les attitudes à établir par conformité à la nouvelle consigne. Au niveau de l'expression ce conflit se traduit par des phénomènes de contamination et d'intoxication du langage. Il faut un certain temps pour que les nouvelles catégories s'établissent et éliminent les précédentes. Outre ces tendances à la persévération et à la reproduction apparaissent des attitudes d'accompagnement ou attitudes de conscience auxiliaires qui concernent à la fois le jugement que le sujet porte sur la tâche proposée et le jugement qu'il porte sur la qualité et l'opportunité de sa conduite. Des éléments d'ordre affectif et d'ordre logique s'y trouvent mélangés tels que le sentiment de l'effort mental, la crainte de commettre des erreurs, la prospection intentionnelle de nouveaux rapports possibles d'or-

dre causal, spatial, temporel, etc., la conscience du vrai et du faux, du connu et de l'inconnu, du rationnel et de l'absurde. On peut donc estimer avec les psychologues de Wurzbourg que l'activité de l'esprit comporte des structures indépendantes du contenu même des tâches à effectuer. Il existerait par conséquent une pensée formelle telle que, « en principe, selon K. Bühler, tout objet peut être complètement et exactement pensé sans le secours de l'image ».

30. Dans le cas particulier de la compréhension d'une formulation verbale de type propositionnel les mêmes caractéristiques se retrouvent. Une phrase longue et difficile n'est pas forcément comprise immédiatement. Dès lors, la réaction du sujet n'est pas de reprendre la formulation mot à mot, mais de saisir les rapports structuraux représentés par des groupements signifiants ou par des propositions internes. On n'appréhende pas le sens général d'une phrase par une épellation progressive du début à la fin, mais par des approximations successives, par un balayage des groupes qui la constituent; comme si, par une série d'ajustements la pensée du lecteur ou de l'auditeur s'efforçait d'aller à la rencontre du thème proposé. Une telle assimilation suppose un effort intellectuel bien différent de la seule accumulation des effets associatifs. Tout se passe comme si, après une phase d'incertitude et de brouillage, la ligne directrice du contexte apparaissait brusquement permettant l'aperception d'une Forme stable. Cet effort d'intellection vers une structure unitaire se révèle en particulier dans la compréhension du langage oral. Le sens de la phrase est saisi globalement, d'après la flexion syntaxique de l'ensemble, tandis que les mots qui composent la phrase sont eux-mêmes rapidement effacés. Au lieu de la fixation et de la mémorisation durable

de termes déterminés on constate l'appréhension d'une organisation dont les mots n'ont été que les évocateurs approximatifs. Il est vrai, du reste, que le discours oral, par sa nature même qui contraint le locuteur à suivre le fil du temps, à continuer son propos (et non point à le suspendre à chaque instant pour réfléchir ou pour chercher le terme le plus adéquat) est toujours seulement approché. L'obligation essentielle est, pour l'orateur, de faire saisir l'intention de son discours, davantage que de trouver une formulation d'une parfaite propriété en tous ses termes.

31. En ce sens, parler pour autrui réclame une stratégie d'incitation, de sollicitation, d'une grande complexité, mais qui suppose toujours de la part de celui qui s'exprime, à la fois un effort de l'intelligence et de la volonté et une présence lucide à chaque moment de son propre discours. De même, écouter la parole d'autrui, c'est épouser l'intention, l'attitude mentale de l'orateur, c'est même pressentir les moments ultérieurs du discours sans, cependant, pouvoir les réaliser hors du secours de celui qui parle. Il y a ainsi dans toute communication plus que la matérialité même de la communication; il y a une rencontre où s'entremêlent des éléments d'intellection et des éléments émotionnels, des attitudes logiques et des attitudes intuitives, de brefs retours sur le discours antérieur et des anticipations vers le discours à venir. La pensée est un mouvement et celui qui ne s'accorde pas à ce mouvement à mesure qu'il se réalise en propositions concertées, celui qui s'attarde à la matérialité des mots sans en pouvoir pressentir la direction, se trouve rapidement hors du circuit de la parole, Secondaires, par conséquent, sont dans le langage les éléments de nature sensorielle ou motrice — c'est-à-dire les images qui ne

sont que des matériaux: — primordiaux sont les éléments
de nature volontariste — c'est-à-dire les attitudes mentales, les orientations cohérentes de la pensée, les consignes dynamiques, en somme tout ce qui détermine l'intentionnalité expressive.

32. Les travaux de Binet sur la pensée sans image et
des psychologues de Wurszbourg sur les contenus de
conscience s'inscrivaient donc dans une direction qui met
au premier plan le dynamisme propre à la pensée. Inter-
prétant les troubles du langage dans cette perspective on
devait dire logiquement que l'aphasie n'est pas due principalement à une rupture des chaînes associatives représentées par la congruence d'images visuelles, auditives,
motrices déposées en des centres cérébraux, mais à une
atteinte de la volonté de formulation, à une altération de
l'élaboration intentionnelle de la pensée dans son usage
propositionnel (comme l'avait bien marqué Jackson). Les
idées-force qui se dégagèrent ainsi au travers de recherches initialement indépendantes furent l'idée d'intentionnalité et l'idée d'une activité formelle et synthétique
s'exerçant en profondeur dans l'espace intérieur du sujet.
Aussi, des auteurs directement inspirés de Jackson, tels
Arnold Pick et Henri Head, devaient-ils, approfondissant
l'idée d'intentionnalité mettre l'accent sur les désordres
qui, dans l'aphasie, affectent le moment conceptuel du
langage; dissolution et désintégration des fonctions supérieures, désorganisation des attitudes mentales, altération
de l'intelligence sous son aspect symbolique, ces diverses
notions constituaient en fait la synthèse des interprétations par ailleurs si différentes de P. Marie et de Jackson.
Mais il est de la nature de la pensée humaine de toujours
approfondir des thèmes explicatifs déjà mis à jour. Au-
delà des tentatives psychologiques de Pick et de Head,

d'autres auteurs encore devaient s'interroger sur le fondement même des attitudes mentales et proposer des conceptions mettant au premier plan soit l'altération d'un système intérieur espace-temps, soit la dégradation globale du comportement chez les sujets aphasiques.

L'APHASIE ET LE DYNAMISME
DU COMPORTEMENT MENTAL

1. MOMENT CONCEPTUEL
ET ORDRE SYMBOLIQUE

1. Profondément influencé par l'œuvre de Jackson à qui il a rendu un hommage admiratif et retrouvant en outre, dans sa propre réflexion, les interprétations des psychologues de Wurzbourg sur la pensée sans image et les attitudes mentales, Arnold Pick publiait en 1913 un ouvrage (malheureusement inachevé) consacré à l'étude des troubles agrammatiques dans l'aphasie. Il s'agit d'une ligne d'inspiration résolument psychologisante selon laquelle ce qui est atteint dans l'aphasie c'est l'unité de la pensée en acte ou la dynamique volontariste qui conduit de l'intention à la formulation verbale. Aussi bien les altérations affectent, non pas l'emploi de mots isolés, mais la composition de la phrase et, au-delà, celle du discours. Comme d'autres en avaient fait la remarque avant lui (Humbolt, Bergson) l'auteur allemand soulignait que, pas plus que l'unité de la pensée ne procède d'éléments perceptifs isolés, celle du langage ne saurait provenir de la juxtaposition des mots. Pris en lui-même chaque terme reste largement indéterminé quant à son sens; seule l'intention d'un locuteur portant un jugement étayé par une syntaxe donne un sens à chaque mot par référence à un ensemble verbalisé. Dès lors il faut voir dans l'aphasie la perte de l'aptitude à ordonner des signes conformément à un contenu de conscience maîtrisé, la conservation des signes n'étant pas en elle-même une condition suffisante puisque, sans syntaxe, le vocabulaire n'est plus que le reflet chaotique des impulsions de la subjectivité (ou, comme eût dit Jackson, du moment automatique du langage).

2. Dans le mouvement qui conduit de la pensée à l'expression deux étapes doivent être distinguées, chacune de ces étapes comportant elle-même deux phases. A l'étape de la conceptualisation (ou moment de la pensée sans expression) succède une étape de verbalisation (ou moment linguistique); ces deux étapes ne sont pas superposables; mentalement elles ne coïncident pas. Dans la première on retrouve les caractéristiques mises à jour par l'école de Wurzbourg: schéma dynamique, attitudes de conscience, orientation et direction de la pensée, consignes préliminaires, etc. Cette activité conceptuelle commence par une phase d'impression globale encore indifférenciée et indéterminée pour se continuer dans une phase où les contenus de conscience s'affermissent et s'ordonnent en schéma, mais indépendamment de toute verbalisation (on relèvera ici l'analogie avec la phase de « circonscription de la pensée totale» de Lordat). Le moment linguistique s'exerce sur ce donné préalable, sorte de schéma informulé dessiné par les attitudes de conscience; il s'agit alors de la mise en œuvre d'un canevas dans lequel les mots viendront s'enchâsser progressivement tandis que la forme générale de l'expression aura déjà été déterminée par l'action médiatrice du schéma dynamique caractéristique du moment conceptuel. Il y aurait donc un mouvement de phrase existant avant que les mots ne viennent le concrétiser, le choix des mots étant déterminé, non seulement par l'intention du locuteur, mais aussi par la position qu'ils doivent occuper dans la phrase d'après son ordre syntaxique. Analyse subtile, sans doute, mais dont la pertinence peut se contrôler plus aisément lorsque l'on passe de la parole à l'écriture, car, dans ce second cas, les mécanismes de la formulation peuvent être différés à volonté, et, dans les intervalles, se saisissent mieux les opérations de pensée qui, à la fois,

précèdent le langage et ne s'actualisent que par sa médiation.

3. Or, l'aphasie se caractériserait, précisément, par
l'inaptitude à maintenir une direction de pensée afin de la
réaliser en mots. Le jargon de l'aphasique reflète cet état
interne où, faute d'une maîtrise suffisante du moment
conceptuel, les intentions et les consignes nécessaires à
l'élaboration se téléscopent et finissent par se mélanger
confusément, où, aussi, lors du moment expressif, un
équilibre satisfaisant n'est point trouvé entre l'explicite
nécessaire — ce qui doit être dit, en toute rigueur — et
l'implicite — ce qui est supposé connu et ne demande
point, par conséquent, à être verbalisé. Aussi, par opposition au langage normal qui a une structure, une forme,
une logique, représentées par une syntaxe à la fois souple
et ferme et par l'emploi de catégories grammaticales appropriées, le langage de l'aphasique est-il seulement
agrammatique. Il faut entendre par cette désignation un
mode de communication caractérisé par la ruine de la
syntaxe (élimination des flexions de la phrase, des mots
de liaison, des modes verbaux — les verbes étant employés à l'infinitif). Dans de nombreux cas, correspondant en termes classiques à une dominance d'aphasie motrice, on sait que la verbalisation est raréfiée quant au
vocabulaire; mais le trouble essentiel ne réside point dans
cette pénurie des mots : il consiste en une simplification à
l'extrême de la syntaxe, en un style télégraphique par lequel tout ce qui fait la densité et les nuances de la phrase
se trouve aboli. Aussi, pour parvenir à se faire comprendre, même si son élocution est correcte — ce par quoi
l'agrammatisme est fondamentalement différent de troubles anarthriques — le sujet n'a-t-il d'autres moyens que
de redescendre à un usage inférieur de la communication :

celui de l'affectivité. Souvent, l'accentuation, la modulation, les cadences, les pauses, le rythme de la parole sont correctement réalisés. Ce n'est donc point à une détresse verbale au niveau de l'élocution ou à une détresse de la subjectivité que le malade se trouve confronté, mais à une altération des opérations de la pensée en rapport avec l'axe syntagmatique du langage.

4. Divers auteurs faisant suite à Arnold Pick se sont montrés soucieux de préciser son analyse sur le plan clinique, ce qui les a conduit à distinguer plusieurs formes des désordres syntaxiques, soit en considérant l'origine de ces formes (chronologie) soit en considérant leurs caractéristiques propres (clinique). Ainsi Goldstein oppose-t-il à un agrammatisme conceptuel qui serait déterminé par un trouble du moment de la pensée précédant la formulation, un agrammatisme purement verbal qui résulterait de l'altération du seul moment linguistique. Opposition peut-être trop formelle si l'on tient compte de la continuité ou de la fluidité qui caractérise le passage du moment conceptuel au moment expressif. Aussi, d'autres auteurs, Kleist et un peu plus tard Isserlin, ont-ils jugé plus satisfaisant, après examen de plusieurs cas diversement typés, de distinguer deux syndromes nettement différenciés. Au premier, déjà défini par Pick, est conservé le nom d'agrammatisme; au second est réservé le nom de paragrammatisme. Dans cette forme la verbalisation est abondante, tumultueuse même; il s'agit de malades qui parlent incessamment; mais leur discours est chaotique; les mots se succèdent comme au hasard dans des structures inappropriées et, pour ainsi dire, flottantes.

5. Les troubles ainsi décrits se rattachent manifestement aux formes antérieurement définies de l'aphasie motrice et de l'aphasie sensorielle. On observe, par

exemple, que l'agrammatisme est une constante de
l'aphasie motrice lorsque celle-ci régresse suffisamment
pour que le malade puisse à nouveau utiliser quelques
mots; dans ce cas, le mode de communication est bien le
style télégraphique. De même, le paragrammatisme va de
pair le plus souvent avec l'aphasie sensorielle. Néanmoins les dénominations proposées par ces auteurs et
leur mode d'analyse ne sont point de simples substituts
des interprétations classiques. L'état d'esprit a changé, ni
l'agrammatisme ne s'interprète comme un déficit moteur
ou d'élocution, ni le paragrammatisme comme un déficit
sensoriel. Ce qui est mis en cause dans les deux cas est
un trouble de l'attitude mentale nécessaire à l'organisation de la pensée en paroles : ce trouble provoque ou la
pénurie des formes grammaticales les plus élémentaires
ou la mauvaise ordonnance de mots proliférant dans un
discours sans ossature. On retrouve donc ici, par une autre voie, les conclusions de l'analyse de Jackson. Lorsque le moment conceptuel n'est plus gouverné par une
pensée maîtresse d'elle-même, capable de se donner des
directions et de s'y tenir, le langage ou bien se tarit ou
bien se répand au hasard. Ce n'est pas que les éléments
du langage en tant qu'éléments verbaux soient hors de la
disposition du malade, mais il ne sait point les disposer
utilement, selon une stratégie, c'est-à-dire conformément
à une attitude critique dont la syntaxe est l'instrument.
On constate moins une perte des instrumentalités du langage qu'une atteinte plus fondamentale des pouvoirs
d'organisation du sujet qui tente de les utiliser.

6. Les incertitudes et les ambiguïtés d'interprétation
qui pouvaient persister toutefois à la suite des travaux de
Pick (on en trouve la manifestation chez un auteur
comme Isserlin qui reste dans la ligne classique en rame-

nant le paragrammatisme à un déficit d'ordre sensoriel-auditif) se trouvent dépassées à la même époque (à partir de 1920) dans la synthèse de Head. Cet auteur, prolongeant la pensée de Jackson en son sens le plus psychologisant, regarde le langage comme défini, non pas par la conjonction de fonctions sensorielles et motrices spécialisées, mais par le niveau élevé d'intégration auquel ces fonctions doivent satisfaire pour que l'activité symbolique normale soit réalisée. Une telle démarche s'appuie sur les propres observations de Head relativement à la pathologie de la sensibilité. Les atteintes corticales entraînant des troubles de la sensibilité ne se caractérisent point par la suppression de telle sensibilité considérée en elle-même, ou de l'une de ses composantes, mais par l'altération des processus discriminatifs qui s'y trouvent impliqués. Entre des stimuli dont la perception brute est conservée le malade ne sait plus opérer les distinctions correctes. Dans le cas du toucher par exemple, la localisation devient défectueuse, les caractères structuraux sont confondus; une échelle des degrés de stimulation, même à échelons larges, ne peut être établie. Il faut donc dire que les troubles de la sensibilité par lésion corticale touchent essentiellement les aspects épicritiques du message sensoriel; sans être annulé le message perd de sa signification; il ne fonctionne plus sur le mode symbolique.

7. Transposées à l'étude de l'aphasie ces observations conduisent à penser que les troubles du langage ne résultent pas davantage de la suppression de telle activité spécialisée, sensorielle ou motrice, mais de l'altération de celle-ci à un certain niveau d'usage fonctionnel, c'est-à-dire comme discriminative. Aussi bien la détermination des localisations lésionnelles, foyers ou centres, ne sau-

rait fournir l'explication de l'aphasie; cette explication réside dans la recherche des conditions qui font qu'une conduite peut être exécutée ou non. La voie ouverte par Jackson, dans le sens d'une analyse fonctionnelle, est donc la seule acceptable. Le niveau d'exercice normal du langage est celui de l'intentionnalité et de l'activité représentative et symbolique; le niveau inférieur est celui des automatismes libérés ou des impulsions de l'affectivité. Si le trouble était imputable à la destruction d'un centre déterminé, c'est une loi du tout ou rien qui devrait jouer pour les actes linguistiques correspondants ou une loi de réduction sans compensation: ainsi d'un stock verbal anéanti ou d'un stock verbal définitivement fermé. En réalité, comme le montrent tant d'observations déjà rapportées et commentées par Jackson, la faculté expressive ou compréhensive est toujours conservée, à quelque degré et susceptible d'améliorations (au moins occasionnelles) et d'extension au sens quantitatif — par ouverture et amplification du vocabulaire. En revanche, cette même faculté est toujours altérée d'un point de vue épicritique, L'aphasie n'est autre, pour Head, qu'un trouble de la formulation et de l'expression symbolique. Par cette désignation il entend, comme il l'écrit lui-même, « un mode de comportement dans lequel tout symbole verbal ou autre joue un rôle entre la conception et l'exécution de l'acte ».

8. Cette interprétation est certainement plus proche de celle de Finkelburg que de celle de Pierre Marie (même si l'on admet que les « procédés didactiques » dont parle celui-ci renvoient en fait à l'activité symbolique); car il ne s'agit pas, dans l'aphasie d'une atteinte unitaire de l'intelligence, mais d'une atteinte des opérations de l'intelligence qui requièrent l'intervention d'une attitude

médiatrice fondée sur l'ordre des symboles. Tel sujet capable d'exécuter des consignes orales ou écrites ne saura pas, pour autant, composer une suite ordonnée, ne serait-ce que celle des lettres de l'alphabet; tel autre, capable de compter, ne pourra effectuer un assortiment entre deux séries d'éléments individualisés par de mêmes numéros d'ordre dans chacune des séries; un troisième réagit correctement à des sollicitations verbales indépendantes, mais ne parviendra pas à comprendre une phrase où ces sollicitations seront regroupées sous la forme d'une alternative. Accomplir ou ne pas accomplir un même comportement dépend de ce que l'action peut être produite directement ou doit, au préalable, être codée par mots ou signes. Cette variation d'efficacité est mise en évidence dans le test main-œil-oreille, le principe de ce test étant la reproduction par le sujet d'une séquence de gestes fixée par l'expérimentateur et faisant intervenir la coordination spatio-motrice d'actes latéralisés. Si la séquence est décomposée par étapes, geste après geste, et reproduite à mesure, ou si elle se fait en miroir, un sujet atteint dans sa fonction symbolique peut néanmoins réussir, car sa gesticulation reste au niveau de la simple répétition ou d'une imitation passive. Au contraire, dans une relation face à face, l'échec devient la règle, car la reproduction correcte implique la mise en ordre symétrique de la succession des gestes, c'est-à-dire la conception et l'application d'un principe de transposition spatiale.

9. A fortiori, si l'expérimentateur ne fournit pas de modèle gestuel mais donne seulement une consigne verbale, la réponse doit passer forcément par divers intermédiaires symboliques: décodage du message, traduction mentale, encodage déterminant le retour ordonné à l'action. Un tel processus apparemment si aisé pour un sujet

sain est, en réalité, d'une grande complexité puisqu'il suppose, au travers du comportement intentionnel de reformulation pour soi, une réversibilité au plan des opérations symboliques. Le test apporterait donc la preuve d'un désordre du symbolisme qui serait à la racine des désordres du langage. Ou plutôt il mettrait en évidence une altération essentielle du langage intérieur, cette altération pouvant se produire elle-même à différents niveaux d'intégration ou s'appliquer à des points d'inflexion variables. En conséquence, s'il n'est pas légitime de bâtir des distinctions tranchées par référence à des déficits sensoriels ou moteurs, on est en droit, cependant, de dégager des traits distinctifs d'altération correspondant à divers aspects de réalisation du langage en tant que processus symbolique et connotant du même coup diverses formes d'aphasie.

10. Comme signalé précédemment (voir chapitre III) Head distingue quatre formes d'aphasie qui, du reste, peuvent être regroupés en deux couples correspondant d'une part à des troubles de l'utilisation des ensembles symboliques et, d'autre part, à des troubles de la signification. Les deux formes cliniques des troubles d'utilisation sont l'aphasie verbale et l'aphasie syntactique. La première consiste en la réduction plus ou moins accentuée du vocabulaire et des pouvoirs expressifs — aussi bien élocutoire que graphique. En termes classiques, cette aphasie serait définie comme aphasie motrice ou aphasie de Broca; elle correspondrait également aux cas de less of speech de Jackson. Mais Head n'interprète pas les symptômes observés comme déficits moteurs; trouble d'élocution et trouble graphique sont déterminés par un trouble dans la représentation des mots, c'est-à-dire par une atteinte qui touche le langage intérieur. S'il en était

autrement ces malades n'éprouveraient point de difficultés dans l'exécution du test main-œil-oreille, alors qu'ils y
échouent ordinairement. L'aphasie syntactique affecte
l'ordre de la phrase en tant que forme grammaticale. On
trouve ici les cas de jargon, de paraphasie, de logorrhée,
accompagnés d'incompréhension majeure de la parole
d'autrui, toutes caractéristiques qui renvoient aux définitions antérieures, soit de l'aphasie sensorielle, soit du paragrammatisme. Mais ici, encore, le déficit est d'ordre
symbolique et non point limité à l'atteinte de la sensibilité. Le symptôme le plus significatif est que les malades
ne peuvent maintenir leur pensée dans une direction
constante, ni ordonner leurs idées. Dérivant toujours à
partir de leur intention initiale, ils parlent d'abondance et
précipitamment et se montrent incapables de contrôler
leur parole dans son flux et dans son rythme. Cette désorganisation qui touche plus particulièrement le rapport
du langage intérieur et du langage oral (pensée embrouil-
lée, formulation inconsistante) trouve également son reflet dans l'exécution du test de Head. Les sujets ébau-
chent diverses réponses, multiplient les essais, se livrent
à une gesticulation qui les éloigne de plus en plus de la
réalisation de la consigne donnée. A une parole sans
rythme et sans syntaxe répond un comportement sans
forme.

11. Les deux modalités cliniques des troubles de la signification sont l'aphasie nominale et l'aphasie sémantique. La première est caractérisée par l'atteinte directe
des mots en tant que signifiants. Ou bien le malade ne
sait plus rattacher un mot à l'image ou à l'objet que ce
mot est censé désigner, ou bien il ne sait plus retrouver le
sens d'un signe. Le symbolisme sous toutes ses formes
est atteint, qu'il s'agisse du langage ou qu'il s'agisse de

conduites non verbales (dessins, plans, etc.). L'évocation simultanée de plusieurs éléments d'une consigne est toujours difficile et d'autant plus ardue que les termes proposés se détachent de références concrètes. Dans tout comportement qui réclame une attitude de détachement : décentration mentale, organisation catégorielle, le sujet échoue. Une altération du même ordre se retrouve dans l'aphasie sémantique, mais transférée de l'assimilation des éléments à celle des ensembles : séquences verbales, séquences d'actions, situations complexes. En sa phase initiale, dans ses commencements, l'expression verbale peut être correcte (élocution et syntaxe) mais, à mesure que le discours se déroule, l'intention et le sens se perdent; d'où, de fréquents arrêts, des tentatives de remémoration et de reprise synthétique qui n'aboutissent pas. Il ne s'agit point cependant d'un trouble amnésique au sens propre qui porterait sur des contenus verbaux ou sur des contenus de pensée encore proches dans le tempo intérieur, mais d'un trouble qui affecte les actes de récapitulation mentale. Rupture de l'intentionnalité en somme, les cassures du discours n'étant que la conséquence du trop rapide effacement des attitudes mentales du sujet.

12. Il est certain que l'interprétation psychologisante de l'aphasie a trouvé dans l'œuvre de Head son illustration la plus approfondie. On doit observer pourtant que cette synthèse, où l'on retrouve en écho l'entrecroisement de doctrines plus ou moins ouvertement noéticiennes, ne porte pas en elle-même le germe de nouveaux progrès. La conséquence la plus probable est, au contraire, que les distinctions cliniques très fluides opérées par Head — distinctions pour ainsi dire sans décrochement sur un même continuum de variation — devraient s'effacer en se contaminant plutôt que s'affirmir. C'est,

en effet, dans cette direction que s'inscrit la démarche récente de E. Bay. Cet auteur — également inspiré par la Gestalthéorie — rejetant même la dichotomie la plus traditionnelle, celle de l'aphasie d'expression et de l'aphasie d'impression, ramène toute aphasie à un trouble de la nomination et de la désignation, c'est-à-dire à un trouble du sens. La difficulté fontamentale est d'actualiser tout signe en fonction de la dénotation et de la connotation de tous autres éléments figurant dans le contexte. Cette difficulté se réduit en dernière analyse à un défaut spécial de l'intelligence ou même d'un «aspect spécial de l'intelligence». Bay estime que l'aphasie ainsi définie dans son essence se combine à d'autres troubles extra-linguistiques, ce qui autorise une classification finalement assez voisine des classifications antérieures. Néanmoins, une telle position ne constitue pas un renouvellement des modes d'approche antérieurs. Ce renouvellement, ou plutôt cet approfondissement a pourtant été tenté par d'autres auteurs, à la même époque, soit toujours dans une perspective «mentaliste», soit en prenant appui sur les conceptions générales de la Gestalthéorie.

2. L'HORIZON DE L'ORDRE MENTAL: LES REFERENCES SPATIO-TEMPORELLES

13. En se représentant l'aphasie comme un trouble de l'ordre mental qui paraît nécessaire à l'agencement des fournitures sensori-motrices ou au contrôle des instrumentalités, plusieurs auteurs ont été conduits à s'interroger sur les conditions primaires d'un tel ordre. Cette tendance n'est pas sans rapport du reste, avec la pensée kantienne. Kant souligne, en effet, dans sa Critique de la Raison Pure (Esthétique transcendantale) le rôle joué dans la connaissance par les formes a priori de la sensibi-

lité: l'espace et le temps. Si l'esprit humain est capable de faire abstraction d'un contenu de pensée déterminé, il ne peut en revanche s'affranchir du temps et de l'espace qui sont la toile de fond nécessaire à toute activité mentale et à toute appréhension des données extérieures ou d'un divers de l'intuition. Temps et espace constituent des formes a priori permettant d'ordonner la multiplicité chaotique d'impressions qui émanent du monde extérieur par l'intermédiaire des excitations d'organes et des transmissions du circuit nerveux. Une perturbation de ces formes ou de leur condition d'exercice suffirait donc à modifier les processus mentaux puisque les catégories de la pensée ne peuvent s'appliquer efficacement qu'à des matériaux déjà interceptés par ces filtres nécessaires. Aussi les troubles répertoriés en tant qu'apraxiques, agnosiques et aphasiques doivent-ils refléter diversement de telles altérations et en être, en somme, les effets. Cet écho de vues philosophiques, rapporté au problème de l'aphasie, se retrouve chez les auteurs qui ont mis au premier plan de leur interprétation l'idée que toute activité mentale se détache sur un fond spatio-temporel, de sorte que l'élément déterminant des troubles du langage, à travers la désorganisation des attitudes de pensée, serait la dissolution d'un espace-temps intérieur ou espace mental. Parmi les auteurs ayant développé cette conception on retiendra Von Monakov et Van Voerkom, et, dans une perspective plus large, intégrant les apports de la Gestalthéorie, et voyant dans l'aphasie la manifestation d'une détresse générale du comportement, Gelb et Goldstein.

14. L'interprétation de Von Monakov repose essentiellement sur les deux notions de *diaschisis* et de mélodie cinétique. Par diaschise il faut entendre un processus

de désorganisation du fonctionnement cérébral qui ne se ferait point de façon incontrôlable ou hasardeuse selon les circonstances et les localisations variables des atteintes cérébrales, mais qui, au contraire, en particulier sous les espèces de l'empêchement et de l'inhibition suivrait un ordre, celui de l'organisation des correspondances entre neurones. Au lieu donc d'atteindre indifféremment par irradiation toutes les voies nerveuses situées dans la région environnant le foyer lésionnel, la diaschise affecte préférentiellement les éléments nerveux entretenant par synapse les rapports les plus étroits et participant, en fait, à une même fonction. De plus, comme dans une fonction déterminée on peut distinguer, conformément aux vues de Jackson, plusieurs étages ou niveaux d'exercice, du plus élémentaire au plus élaboré, on comprend que la diaschise, en raison même de son caractère électif, touche plus aisément par altération et inhibition, les aspects supérieurs de la fonction (volontaires, plus récemment acquis) que ses aspects inférieurs (automatiques, archaïques). Tout se passe, en somme, comme si l'énergie nerveuse compromise par la lésion initiale, tendait d'elle-même à s'épargner selon la loi générale de l'économie organique et fonctionnait donc à un régime de moindre dépense insuffisant pour activer les conduites les plus évoluées, c'est-à-dire, en particulier, toutes celles qui impliquent un déploiement ordonné et contrôlé dans la durée.

15. Von Monakov insiste en effet, en particulier, sur le rôle des processus temporels dans le fonctionnement de la pensée. L'activité corticale n'est pas seulement une activité d'association de processus sensoriels et moteurs actuels, elle a aussi pour fonction de synchroniser des mélodies cinétiques, c'est-à-dire d'intégrer des processus

qui se succèdent en séquences chronologiques atteignant éventuellement un haut degré de précision dans l'ordre même de leur succession. Une action complexe avec élaboration intentionnelle (par exemple l'action de parler) ne peut connaître un déroulement adéquat que si les divers épisodes qui s'y trouvent impliqués interviennent à point nommé, à un moment déterminé, et ne durent qu'autant qu'il est nécessaire pour que leurs enchaînements ne soient point perturbés. Précisément, pour ce qui concerne l'exercice du langage, la complexité du processus du point de vue temporel doit être particulièrement soulignée. Reprenant des vues antérieures (Lordat, Pick) Von Monakov (et Mourgue) ne distinguent pas moins de sept étapes chronologiquement liées, allant de la mise en train initiale jusqu'à la libération de la mélodie des sons, cette dernière, qui n'est rien d'autre que la réalisation dans le temps de la pensée en paroles, supposant une participation de tout le cortex ainsi que, naturellement, des foyers ou centres qui commandent plus directement l'émission du discours.

16. Chez un sujet normal l'énergie nerveuse est dépensée utilement, c'est-à-dire qu'elle produit les effets désirés: un lien satisfaisant est établi entre le but poursuivi et les moyens permettant de l'atteindre; la pensée s'exprime en paroles appropriées. Chez le sujet atteint d'une lésion cérébrale l'énergie nerveuse s'épuise car, au lieu de produire les effets désirés, elle se répand de façon désordonnée en actions inutiles ou inadéquates. On doit relever entre autres comme exemples de ces actions inadaptées: le défaut de mise en train initiale (d'origine instinctive) par impossibilité de mobilisation rapide de l'énergie nerveuse, la viscosité des étapes et phases de verbalisation, les erreurs de frayage par intoxication du

langage, le blocage de la continuité du discours par perte du phrasé de l'élocution. En bref, les engrammes verbaux, schèmes dynamiques et non pas images statiques, ne sont jamais à leur place dans la série chronologique, dans le tempo de l'aphasique. Le thème général étant donc que les discontinuités et interférences qui se produisent dans la mélodie cinétique contribuent à l'épuisement des ressources nerveuses, il en résulte aussi que le sujet aphasique recherche par compensation les modes d'expression les plus économiques. Aussi retombe-t-il inévitablement du discours concerté au discours automatique — mots sans liaison, agrammatisme, explosions verbales incontrôlées — toutes manifestations qui sont le reflet d'un tempo éclaté et d'une énergie en même temps insuffisante et gaspillée.

17. Jackson expliquait la régression du langage chez l'aphasique — de l'usage intentionnel à l'usage spontané — par une déficience de la volonté liée à l'involution des fonctions nerveuses de haut niveau. Von Monakov s'efforce de rendre compte de cette déficience même de la volonté en remontant d'une part jusqu'à la sphère instinctive (« il est probable, écrit-il, qu'on sera amené dans l'avenir à reconnaître à ce facteur instinctif dans l'étude de l'aphasie un rôle que nous commençons à peine à soupçonner... Ne sait-on pas ce que l'on fait « sans goût » (c'est-à-dire sans que l'instinct y participe « on le fait mal ») et en soulignant, d'autre part, que toute action intentionnelle s'inscrit dans un contexte chronologique orienté; lorsque ce contexte de référence, ce tissu temporel, est désorganisé, la volonté ne *peut* plus s'exercer; elle est, pour ainsi dire, sans appui, et le sujet cherche, d'une autre manière plus commode, ou seule à sa portée, à produire son effort ou plutôt à organiser ses défenses

contre tout risque d'épuisement. « Les principes que Jackson et Head ont considérés comme primitifs ne constituent que des processus secondaires à un phénomène beaucoup plus général: le travail créateur de réparation et de compensation de l'organisme ». Les déficiences constatées chez l'aphasique sont des manifestations particulières de ce phénomène très général: il s'agit de l'altération du sens du temps opératoire, d'un temps dans lequel tout contenu d'action doit se structurer selon une règle. Ce qui est perdu dans l'aphasie c'est le schème général d'utilisation du temps.

18.   Mais il faut aussi se rendre à l'évidence que les structures temporelles ne sont pas seules en cause. Toute activité intentionnelle suppose une référence au moins implicite à un cadre qui est aussi bien spatial que temporel. Agir de façon concertée cela réclame une prévision quant à l'aménagement de l'espace où s'accomplira l'action et cela réclame simultanément une prévision quant à l'ordre de succession des gestes s'exerçant dans cet espace. En développant sa thèse du schématisme spatial de la pensée, Van Voerkom souligne la liaison pour ainsi dire intime entre le sens de l'espace et le sens du temps; il écrit: « Si nous nous rappelons que le mouvement même n'est que la succession des moments dans un cadre spatial où chaque moment a son signe local et ou l'inversion de la succession des moments signifie l'inversion de la direction, le rapport entre les deux notions nous apparaîtra comme très étroit d'une manière générale » (cité par Ombredane). Dans les actes du langage où cette référence est particulièrement nécessaire (l'ordre du discours étant, pour ainsi dire, la transposition du simultané en successif) le symbolisme n'est que secondaire par rapport à la base spatio-temporelle. C'est la perturbation de

celle-ci en tant que primaire qui détermine les troubles caractéristiques de l'aphasie. La formulation symbolique n'est atteinte qu'au prorata d'un mauvais maniement des relations d'espace-temps et par extension des relations de rythme, de nombre et d'ordre.

19. A l'appui de sa thèse Van Voerkom invoque l'emploi de tests destinés à explorer le sens de l'espace et le sens du temps; ces tests consistent, d'une part, en imitations de dessins géométriques et comportements divers impliquant une adaptation à l'espace et une juste appréciation des rapports spatiaux, d'autre part en estimations de durées et de rythmes et en conduites de sériation: ordonner des images selon une règle, conduire un récit de façon cohérente. Les observations recueillies montrent que les sujets aphasiques reconnaissent des formes, même compliquées, mais qu'ils ne parviennent pas à les reproduire correctement faute de saisir les rapports de convenance spatiale entre les éléments (sorte de déficit du constructivisme spatial point éloigné de l'apraxie constructive); de même s'ils différencient des rythmes variés ils ne peuvent les reproduire par incapacité de réaliser gestuellement des intervalles de percussion adéquats; de même encore s'ils se souviennent bien du contenu d'un récit ils ne sont pas en mesure d'en faire une relation regroupant les épisodes dans l'ordre chronologique. Dans tous les cas le trouble constaté porte, non point sur l'appréhension ou la reconnaissance du donné, mais sur l'aptitude à le reproduire ou à le reformuler sur la base d'une combinaison harmonieuse des deux séries temporelle et spatiale; celles-ci se trouvent dissociées; elles provoquent du fait même de leur dissociation une incapacité pour le malade à prendre une initiative dans le sens d'une re-construction ou d'une re-formulation.

20. Il est significatif à cet égard que les troubles aphasiques aient ordinairement du retentissement sur le sens du nombre. La fonction d'estimation globale d'un groupe d'objets peut être conservée et de même la capacité de différencier globalement deux collections, mais le sujet ne sait plus dénombrer ou passer d'une collection à l'autre par addition ou soustraction successive, c'est-à-dire unité par unité. Tel sujet pouvant lire un chiffre sur le cadran de l'horloge ne saura pas indiquer le chiffre immédiatement précédent ou suivant, ou bien dans une série de *n* objets, le nombre étant appréhendé correctement, il ne saura pas désigner l'un quelconque de ces objets défini par sa position ordinale. On retrouve donc ici un trouble s'appliquant à la sériation spatio-temporelle, celle-ci lorsqu'elle se réalise normalement impliquant à la fois le sens des positions dans l'espace et le sens directionnel qui relie ces positions entre elles. Aussi n'est-il point surprenant que des déficits analogues affectent les opérations arithmétiques les plus simples; «les troubles constatés lors des opérations de soustraction, de multiplication ou de division, sont dus à la perte des directions (rapprochement, éloignement) qui sont à la base de ces fonctions. Le malade, lors même qu'il a su additionner dans le sens horizontal, s'embarrasse dans le sens vertical: preuve que l'orientation spatiale fait défaut».

21. L'origine des troubles du langage n'est donc autre que la dislocation primaire du système spatio-temporel. Le sujet aphasique n'est plus en mesure de procéder à une ordination chronologique de ce qu'il désire relater. D'où vient l'allure chaotique du récit, l'incohérence de la phrase, la perte de la substance grammaticale représentée par les liaisons de causalité, de conjonction, de subordination. Sous ces divers aspects la thèse soutenue par Van

Voerkom constitue un réel approfondissement de la psychologie des attitudes mentales. Les psychologues de Wurzbourg décrivaient ces attitudes qui précèdent la formulation, qui constituent le stade préverbal; Van Voerkom montre que ces attitudes se rattachent elles-mêmes à un processus d'organisation spatio-temporelle qui est comme l'horizon — et aussi la base dynamique de toute représentation. L'aphasie ne se définit plus comme un trouble du symbolisme, mais comme un trouble des conditions qui rendent possible la construction du symbolisme. Dès lors on peut concevoir que l'aphasique ne soit pas modifié seulement dans son comportement verbal mais dans l'ensemble de ses comportements, dans son mode d'adaptation au monde sous une forme réduite et stéréotypée, ou aussi bien dans ses réactions incontrôlées — de fuite et de panique — devant les situations catastrophiques. Si l'intuition spatiale qui sous-tend le langage comme toute autre conduite de haut niveau n'a rien de perceptif et ne peut être que mentale, la dégradation de cette intuition en même temps qu'elle ruine le langage, désordonne le comportement et engendre à la fois, comme deux faces corollaires d'un même déficit, la manie et l'angoisse.

3. LA FIGURE ET LE FOND;
ATTITUDE ABSTRAITE;
MENTALITE CATEGORIELLE

22. C'est en prenant appui sur les conceptions globalistes de la Gestalthéorie que Gelb et Goldstein ont développé ces vues nouvelles. On sait que la Psychologie de la Forme s'est distinguée d'autres doctrines psychologiques en soutenant l'idée que les structures ou les Formes en général — physiques, physiologiques, psychologiques

— doivent être considérées comme des organisations globales qui tendent naturellement vers un équilibre selon un principe général d'économie. Ce qui revient à dire que tout phénomène comporte une unité d'ensemble et une solidarité interne qui régit tous les éléments composants en les subordonnant à l'ensemble. Ainsi la perception d'un objet ne consiste point en tant que phénomène psychologique en un processus additif de plusieurs sensations données successivement mais en une synthèse primaire qui s'oriente d'emblée vers la meilleure structure, vers une bonne forme. Celle-ci est toujours mieux appréhendée ou mieux mémorisée qu'une forme quelconque car elle possède des qualités de symétrie, de régularité, de simplicité, une cohérence interne qui, en l'harmonisant, rendent son aperception plus aisée. Cette observation est généralisable; la Gestalthéorie estime, en effet, que tout système naturel, dans sa tendance à compenser tout changement, réalise des structures qui, pour être les plus fortes (prégnantes) doivent être les plus homogènes, les plus stabilisées, les moins soumises à tension. Un ordre de convenance se construit ainsi, le meilleur possible, eu égard aux conditions existantes.

23. Les principes de totalité, d'équilibre et d'économie, principes de base de la Gestalthéorie, justifient ainsi une approche des diverses manifestations psychiques selon le thème de la structuration ou de la restructuration globale des comportements en fonction des situations. S'il s'agit de l'intelligence toute résolution d'un problème peut être considérée comme une recomposition, selon une vue nouvelle intuitive (insight) des éléments en jeu, le détour, tantôt instrumental, tantôt mental, étant le moyen par lequel s'effectue cette rééquilibration. S'il s'agit de la mémoire, les déperditions d'ordre quantitatif

dues au processus normal de l'oubli sont compensées par une tendance à l'organisation où interviennent des phénomènes de normalisation, d'accentuation de remise en ordre globale des traits les plus caractéristiques de la forme-souvenir. Dans la perspective de la Gestalthéorie on ne saurait donc parler, à propos de l'oubli, d'un dépérissement hasardeux des éléments composant le souvenir, mais d'une transformation «essentielle» conforme à la loi de prégnance qui veut que les traces mnémoniques, tendent toujours, comme les traces perceptives, vers la «meilleure figure», c'est-à-dire vers un état qui serait le plus simple et le mieux ordonné.

24. Ces principes généraux s'appliquent aussi bien lorsque, en psychologie, on passe de l'étude des fonctions normales à la pathologie. En effet, si l'organisme (ou le psychisme) fonctionne comme un tout et tend à se rééquilibrer chaque fois qu'il reçoit des sollicitations ou subit des perturbations dans son environnement, de même, on doit admettre que lorsque des lésions lui sont infligées et prennent éventuellement un caractère irréversible — comme dans le cas d'atteintes cérébrales — il tendra à compenser les dommages subis en réorganisant son fonctionnement, compte tenu des altérations insurmontables qui l'affectent, c'est-à-dire à un niveau d'équilibre inférieur. Cette réorganisation ne saurait avoir un caractère local, c'est-à-dire limité à une seule fonction ou à un seul mode d'activité; elle modifie l'ensemble des réactions dans un sens restrictif, mais aussi de façon cohérente. En d'autres termes, être en état de maladie signifie: adopter un comportement rétréci dans un univers rétréci. C'est un fait, comme l'observe Goldstein, que les traumatisés cérébraux, dans leur incapacité à maîtriser les ébranlements du monde, c'est-à-dire à dominer tout

changement possible, se réfugient dans un système clos de rites et de manies, dans des conduites stéréotypées qui, réclamant moins de tension psychologique, moins d'effort volontaire, moins d'intentionnalité, leur permettent d'éluder les situations qui, pour eux, font problème, «les situations catastrophiques».

25. Transposées au plan du langage ces observations signifient que le sujet aphasique n'est pas un individu dont le langage, seul, serait perturbé, mais un individu dont le comportement est modifié dans son ensemble, cette modification consistant en un rétrécissement et une rigidification des conduites à leur plus bas régime d'équilibre. Quant à l'altération du langage elle-même, elle se caractérise pour l'essentiel par un déficit des opérations abstraites impliquées dans toute organisation intentionnelle du discours. Conformément à la loi d'économie le sujet aphasique adopte des modes de comportement concret les plus accessibles, les plus commodes pour lui tels que les mimiques et gesticulations et les émissions verbales incoordonnées, automatiques, non propositionnelles, sans structure grammaticale sous-jacente. Le processus qui détermine plus précisément cette «régression vers un comportement moins abstrait, moins rationnel, plus immédiat et plus concret» est, par référence à la Gestalthéorie, un processus de dédifférenciation ou d'atténuation du caractère de dominance de la figure par rapport au fond (rappelons que pour les gestaltistes, «au processus dominant répond l'opération de mise en relief de la ''figure'', au processus d'arrière-plan, le ''fond'' d'où se détache la figure»). Dans l'ordre du langage la dédifférenciation se traduit par un glissement de «l'appréhension conceptuelle des rapports entre les choses vers une appréhension plus intuitive et plus élémentai-

re». Aussi bien la dédifférenciation du langage est à rapprocher des phénomènes de décapitation ou de désintégration des aspects supérieurs, déjà mis en lumière par
Jackson. Ce qui est atteint dans l'aphasie c'est l'attitude
abstraite, Goldstein précisant lui-même que l'expression
désigne une fonction analogue à celle que Jackson nom-
mait le pouvoir de former des propositions et Head la
fonction symbolique.

26.   Toutefois la notion d'attitude abstraite n'est pas la
simple duplication des deux autres formules. Elle est à
rattacher au concept de mentalité catégorielle. Dans l'activité linguistique comme dans toutes les autres activités
de haut niveau il ne s'agit pas seulement que de représenter le réel et les pensées par des signes ou des combinaisons de signes; il est nécessaire également, à titre d'opération préliminaire ou conjuguée, de pouvoir mettre en
catégories, c'est-à-dire de se représenter les ressemblances et les oppositions, l'identité et l'altérité, et, pour y
parvenir, de disposer de critères de rangement, de classement, de sériation, en un mot, de critères d'ordre.
Faute de pouvoir recourir à ces principes d'organisation
le sujet aphasique n'est pas en mesure de «dépasser pratiquement ou mentalement la situation présente». Il ne
sait plus se mettre à distance des choses pour en dégager
le sens, abstraire d'un ensemble complexe la propriété, la
particularité, l'indice, susceptibles de servir de fil
conducteur pour établir cohérence et continuité. L'expérience bien connue de Gelb et Goldstein, le classement
des fils d'un écheveau de laine présentés en désordre,
apporte confirmation de ce point de vue. Faute de savoir
choisir un critère ou plusieurs critères combinés, ou faute
de se tenir à un choix initialement effectué, le malade
échoue dans ses tentatives de démêler et de reclasser. «A

l'infini, écrit Foucault, le malade rassemble et sépare, entasse les similitudes diverses, ruine les plus évidentes, disperse les identités, superpose les critères différents, s'agite, recommence, s'inquiète et arrive finalement au bord de l'angoisse». Les brins de l'écheveau sont distribués en classes disparates comme si l'espace était fait de petites surfaces cloisonnées en perpétuel chevauchement ou, au contraire, si étroitement cloisonnées, que d'une zone aux zones contiguës, il n'y avait ni voies de passage, ni concordance, ni analogies.

27.   Perte de l'attitude abstraite, régression de la mentalité catégorielle sont donc, pour Goldstein, les déterminations majeures de toute aphasie, elles sont, pour ainsi dire, l'essence de ce trouble; elles en constituent la définition. Cela n'implique point cependant que toute aphasie présente les mêmes aspects déficitaires. A cet égard, Goldstein est moins unitariste, moins noéticien également, que d'autres auteurs. Il admet, en particulier, la distinction classique entre une aphasie motrice et une aphasie sensorielle déterminées par atteinte spécifique des instrumentalités du langage. L'aphasie motrice est liée à une dédifférenciation des formes vocales du langage (le malade ne parvient plus à former des mots ou bien dans l'articulation il les déforme); de même, l'aphasie sensorielle est liée à une dédifférenciation des formes acoustiques ou visuelles par réception confuse du mot ou de la phrase. Le langage peut donc être troublé non pas uniformément, mais sous des aspects définis en fonction des instrumentalités atteintes, ce qui, du point de vue anatomique, renvoie aussi à des localisations précises. L'un des éléments de la classification proposée par Goldstein est donc la place réservée aux aphasies par atteinte des instrumentalités motrice et sensorielle, étant entendu

que de telles aphasies touchent beaucoup plus les auto-matismes du langage que les processus mentaux.

28. Mais d'autre part, précisément, analysant le pro-blème central des rapports du langage et de la pensée, Goldstein reprend une distinction qui avait été rejetée par Jackson, celle du langage extérieur et du langage inté-rieur. Le langage intérieur est lié précocement aux expé-riences d'audition et de mise en signification de mots en-tendus qui précèdent le langage expressif proprement dit; il correspond également à l'ensemble des attitudes et processus qui sont enclenchés chaque fois qu'un sujet se met intentionnellement en situation d'exprimer sa pen-sée. Aussi, bien que Goldstein se garde d'affirmer qu'il existe une corrélation rigoureuse entre les déficits intel-lectuels et les troubles du langage, il décrit cependant des aphasies déterminées par l'altération des fonctions men-tales qui sont nécessaires au bon ajustement de la pensée et de la parole. Aux deux formes d'aphasie précédem-ment décrites il convient donc d'ajouter (ce qui justifie l'emploi de critères mixtes dans la classification) plu-sieurs autres formes correspondant à des perturbations de l'attitude abstraite, de la signification, du langage inté-rieur, ou de processus mentaux autres que linguistiques. On distinguera donc (voir chap. III) une aphasie centrale ayant du retentissement soit sur les instrumentalités, soit sur le langage intérieur, une aphasie amnésique (à domi-nance d'altération de la signification), une aphasie trans-corticale (à dominance de troubles extra-linguistiques, déficit général touchant la fonction unitaire du processus cérébral).

29. La mixité même des critères utilisés, le contraste entre la qualité de maintes observations cliniques et des généralisations théoriques trop hâtives ou trop manifes-

tement destinées à s'accorder aux vues des gestaltistes, introduisent une ambiguïté certaine dans les analyses et la classification de Goldstein. Comme l'écrit Tissot, auteur particulièrement sévère à l'égard de la Gestalthéorie et de ceux qui s'en inspirent: «Gelb et Goldstein jouent continuellement sur une amphibologie: tantôt c'est l'atteinte des instruments du langage qui entraîne chez le sujet la perte de l'attitude catégorielle, tantôt c'est la perte de l'attitude catégorielle qui semble primitive et qui entraîne secondairement les perturbations des instruments verbaux». Mais, n'est-ce pas que les choses se passent ainsi, à savoir, par exemple, que dans une aphasie instrumentale comme l'aphasie motrice les troubles débordent largement sur la sphère représentative, sur l'aptitude à se représenter et l'espace et le nombre et le rythme, donc sur la fonction catégorielle, tandis que dans une aphasie centrale l'altération de l'attitude intellectuelle globale retentit sur le processus de formulation adéquate (ainsi du malade qui sait prononcer correctement les noms de couleurs mais ne sait plus utiliser l'un de ces noms pour désigner une couleur déterminée, ou bien qui ne sait pas reconnaître une couleur parmi d'autres lorsqu'on lui en donne le nom — à moins que la dénomination ne soit concrétisée par des expressions telles que blanc de neige, vert-pré, bleu du ciel). Au vrai, l'ambiguïté réside dans les faits mêmes observés et dans leur extrême variété. La position de Gelb et Goldstein se résume bien dans la proposition suivante: «L'attitude catégorielle vis-à-vis du monde extérieur *et* l'aptitude à user des mots pour désigner des concepts traduisent une seule et même attitude fondamentale».

4. UNE REFERENCE COMMUNE:
LA NOTION D'ESPACE MENTAL

30. Entre les interprétations de Gelb et de Goldstein et celle de Von Monakov et de Van Voerkom il y a cerrainement, pour l'essentiel, une communauté de vues, un même climat de pensée. De même, entre ces divers auteurs et des psychologues tels que Binet et les chercheurs de l'Ecole de Wurzbourg les correspondances ne manquent pas. C'est que, dans ce courant doctrinal, ce qui est aperçu comme fondamentalement en cause dans l'aphasie, c'est l'attitude mentale et c'est l'horizon mental sur lequel se détachent les attitudes, les structures dynamiques de la pensée et du langage. Cet horizon mental est essentiellement constitué par l'ajustement du sens de l'espace et du sens du temps, par la conjonction interne de ces formes de la sensibilité constitutives de toute aperception. Deux thèmes sont, ici, dominants: celui de l'espace mental comme lieu des pensées et des signes et celui de l'ordre comme principe organisateur des pensées et des signes. Ce sont ces deux notions qui méritent une analyse plus approfondie aussi bien en reprenant certaines observations de Goldstein qu'en faisant référence aux vues psychologiques plus générales de H. Wallon (*De l'acte à la pensée*). Chez ces deux auteurs on trouve en effet l'affirmation d'une relation essentielle entre l'incapacité à structurer l'espace et l'incapacité de parler. « Un rapprochement de grande portée, écrit Wallon, est la simultanéité fréquemment constatée entre les troubles de la parole et ceux de l'aptitude à distribuer des objets dans l'espace. »

31. De même, à propos de ses sujets, traumatisés cérébraux, Goldstein observe que: «pour eux, la juxtaposition des objets ou, tout au plus, le rassemblement d'ob-

jets déterminés sera l'ordre le meilleur, l'ordre proprement dit et tout le reste sera désordre». Régression de
l'ordre spatial, par conséquent, une régression qui se traduit par le recours à des formes très primitives, celles qui
se fondent sur le voisinage et la séparation; le malade
procède en mettant les choses côte à côte et ne souffre
point ensuite qu'un tel rangement soit modifié; il lui suffit
de faire de «petits tas de ce qui, pour lui, entre dans la
même catégorie». L'ordre du malade est donc un ordre
par simple juxtaposition et son espace mental se borne à
des itérations plutôt qu'à des classements. L'ordre véritable, au contraire, suppose un pouvoir d'effectuer des
opérations d'organisation qui, en particulier dans l'espace, sont directionnelles. Ces opérations supposent des
initiatives coordonnées effectuées symboliquement dans
un espace intérieur ou mental avant même d'être réalisées dans l'espace concret «qui se confond écrit Wallon,
avec ce qui occupe actuellement le champ de la perception». Tandis que, selon le même auteur «l'espace mental est le milieu où doivent pouvoir se dessiner, être ima-
ginées des positions ou des trajectoires qui sont encore à
réaliser». Si l'étendue réelle est l'ensemble bigarré, dis-
parate, des objets qui se déploient sans règle sous le regard du spectateur, l'espace mental doit être entendu, au
contraire, comme un ensemble de repères directionnels
établis par la pensée, sous forme d'attitudes projectives
et prospectives, entre les objets de la perception et le milieu qui les contient ou, aussi bien entre les idées et l'esprit qui les conçoit. Comme l'écrit G. Poulet: «ma pensée est un espace ... elle n'est pas faite seulement de mes
pensées, elle est faite aussi de toute la distance qui me
rapproche ou me sépare de ce que je peux penser».

32. Il s'agirait donc d'une sorte de topologie concep-

tuelle par laquelle s'effectue, à l'intérieur même de la représentation de l'espace, la liaison des éléments qui entrent dans cette représentation, selon un ordre, lequel ne
dépend ni de la perception, ni des contenus de la pensée,
mais se développe «sur un plan d'initiatives purement
abstraites» (Wallon). Or, l'aphasie, comme désorganisation du psychisme, n'est rien d'autre que la dispersion en
éclats discontinus de cet espace intérieur qui ne parvient
plus à imposer son ordre à la diversité de l'espace
concret. Cet espace dépourvu de l'homogénéité que,
seul, peut lui conférer le regard d'un spectateur conscient
est le règne des dissemblances et du désordre; les déficiences spatiales de l'aphasie, celles qui sont mises en
évidence dans les tests de sens géométrique, reflètent
précisément une forme de pensée qui, ayant perdu le
contrôle de son propre espace, ne parvient plus ni à classer ni à distribuer. «Comme les éléments des mots ou de
la phrase, (les objets dans l'espace) ont tendance à s'ag-
glomérer, à fusionner leurs positions au lieu de se placer
aux intervalles ou dans les directions indiquées». Il faut
donc subordonner la possibilité du langage à une intuition
spatiale qui «permet de distribuer les parties du discours
dans leur ordre de succession... d'en prévoir l'ordre correct par une sorte d'évocation sumultanée dont le fondement ne peut être qu'une juxtaposition, c'est-à-dire l'espace». Mais cette intuition elle-même «n'a rien de perceptif, elle ne peut être que mentale... (elle est) sans repères actuels dans le monde extérieur». En se développant sur un plan d'initiatives purement abstraites elle
suppose l'intervention d'une puissance mentale organisatrice qui doit s'imposer librement et intentionnellement
dans l'appréhension ou la construction de tout ordre extérieur.

33. Moins que toute autre fonction le langage n'échappe à cette nécessité de répondre à des critères spatialisés assumés mentalement. Il y a des axes du langage, et des filières; il y a des processus de juxtaposition, et d'autres de succession; le langage fonctionne comme un système dont toutes les caractéristiques se « tiennent » mutuellement et non comme un processus simplement additif et itératif. Dans ce mode d'interprétation il est clair que les objets (les mots) ont moins de valeur intrinsèque que les trajectoires qui les relient ou que les rapports de force qui s'établissent à l'intérieur du discours entre l'ordre des phrases et l'ordre des mots à l'intérieur de chaque phrase. Aussi, bien que les interprétations de l'aphasie dans la perspective de la linguistique, reposent sur des bases toutes différentes par rapport aux interprétations psychologisantes examinées jusqu'ici on ne saurait ignorer pour autant cette analogie essentielle qui les relie : le langage fonctionne comme un système spatio-temporel; pour les psychologues ce système a son fondement dans les structures mentales du sujet; pour les linguistes ce système fonctionne par lui-même, sinon pour lui-même.

L'ANALYSE LINGUISTIQUE
DE L'APHASIE

1. DE LA SEMIOLOGIE A LA PSYCHO-LINGUISTIQUE

1. La sémiologie ou sémiotique est la science des systèmes de signes; elle se propose d'étudier, selon la formule de F. de Saussure, la vie des signes au sein de la vie sociale. La linguistique est la science des systèmes de signes composant les langages proprement dits; aussi, à première vue, peut-elle être considérée comme une partie de la sémiotique; les lois découvertes par celle-ci seraient forcément applicables à celle-là. Cependant, la partie représentée par la linguistique est « si importante et si particulière qu'elle a droit peut-être, comme l'écrit P. Guiraud, à un statut spécial et autonome ». Certains auteurs estiment même que le rapport de dépendance devrait être inversé car l'on doit tenir compte de ce fait capital que toute expérience, quel que soit le code dans lequel elle s'exprime, passe nécessairement par le langage. Sans entrer plus loin dans ce débat on peut dire néanmoins que les troubles manifestés dans l'aphasie relèvent, au sens large, de la sémiologie — ceci dans la mesure où comme l'ont souligné Finkelburg et d'autres auteurs, des comportements symboliques non linguistiques seraient altérés chez des sujets aphasiques — et, au sens étroit de la linguistique, puisque, par définition, l'aphasie est l'ensemble des troubles affectant l'expression et la compréhension des signes verbaux. On comprend dès lors la position de Jakobson lorsqu'il écrit qu'il se propose d'adopter

« mutatis mutandis » le même point de vue en tant que linguiste qu'un médecin en tant que médecin. Cette intention s'établit évidemment, en parallèle de celle proclamée par Pierre Marie dans la fameuse discussion de 1907 : « N'étant malheureusement pas du tout psychologue, je me contenterai de parler en médecin qui a médicalement observé des faits médicaux ». Aussi, Jakobson ajoute-t-il : « N'étant versé, en pur linguiste, ni en psychologie, ni en médecine, je me limiterai de façon stricte à des observations linguistiques de faits linguistiques uniquement ». On verra plus loin l'illustration de cette démarche dans la classification des troubles aphasiques telle qu'elle a été conçue par le même auteur.

2. Il est sûr, en tout cas, que cette position de principe s'est beaucoup renforcée au cours des vingts dernières années chez de nombreux auteurs qui se réfèrent implicitement à cette autre déclaration de Jakobson : « La clef des symptômes les plus frappants de l'aphasie ne peut se découvrir sans l'aide conductrice et vigilante de la linguistique ». (Au passage on doit se souvenir que l'expression « symptômes les plus frappants » est de Jackson qui définit l'aphasie comme un cas de maladie du système nerveux où une déficience d'expression est précisément, le symptôme le plus frappant.) Naturellement, une profession de foi aussi rigide a pu heurter psychologues et médecins avant que ne s'opèrent, d'ailleurs, des confrontations nécessaires. Ces confrontations ont contribué au développement d'une psycholinguistique, c'est-à-dire d'une discipline qui a pour objet, au-delà d'une description scientifique du langage, l'analyse des modes d'utilisation de la langue, envisagée non plus seulement comme un système, mais comme un processus, comme un événement affectant tout individu émetteur ou

récepteur. Compte tenu de cet ajustement, il n'est pas douteux que la lingustique contemporaine, à défaut d'apporter des explications définitives — il s'agit plutôt d'une autre « lecture » qui fournit des commentaires pénétrants — a largement contribué à l'interprétation de l'aphasie sous des éclairages renouvelés. Les psychologues, en particulier, ne peuvent que souscrire à cette déclaration de F. de Saussure, le fondateur de la linguistique classique : « Dans tous les cas d'aphasie ou d'agraphie, ce qui est atteint, c'est moins la faculté de proférer tels ou tels sons ou de tracer tels ou tels signes que celle d'évoquer par un instrument quel qu'il soit, les signes du langage régulier... Au-dessus du fonctionnement des divers organes, il existe une faculté générale qui commande aux signes et qui serait la faculté linguistique par excellence ».

3.   On retrouve ici le style de compréhension et de spécification de l'aphasie en termes de sémiotique et non pas uniquement en termes d'instrumentalités sensorimotrices. Dès lors, la convergence des préoccupations du psychologue et du linguiste s'intéressant l'un et l'autre aux troubles du langage apparaît clairement : le véritable problème est de savoir dans quelle mesure est réduite, outre la capacité de performance, la compétence linguistique du malade, ou même, plus précisément, si à une réduction de performance doit répondre comme un fait nécessaire une réduction similaire de la compétence (on rappellera ici que la notion de compétence renvoie à l'hypothèse du locuteur-auditeur idéal qui aurait une connaissance entière et parfaite de sa langue fondée sur un type spécifique d'organisation mentale proprement humaine, tandis que la notion de performance renvoie au locuteur-auditeur réel avec ses insuffisances et ses limites dans les conditions concrètes d'utilisation de la langue.

Une telle question peut être spécifiée de plusieurs manières. Par exemple, une compétence langagière fondamentale du point de vue de la linguistique est le pouvoir de
maintenir un certain taux ou degré de température informationnelle dans la communication, c'est-à-dire de produire des messages dont le contenu soit suffisamment varié pour être assimilé par un auditeur; mais cette production implique un effort, une dépense énergétique qui est
contrebattue par une tendance à l'unification par économie : produire des messages dont le contenu soit aussi
peu varié que possible, donc, à la limite, un seul mot, un
seul signe. L'usage ordinaire dans la communication est,
pour ainsi dire, à la couture de ces deux exigences de
sens contraire. Compte tenu des déficiences d'utilisation
qui caractérisent précisément l'aphasie, une telle compétence, c'est-à-dire l'entrecroisement optimal des contraires, se maintient-elle à quelque degré ou bien est-elle annulée? De même, pour ce qui concerne les troubles qui
se situent au niveau de l'élaboration syntaxique on doit
se demander si les sujets aphasiques conservent ou non
des modèles de composition, même élémentaires, de
phrases-noyaux et si oui, lesquels?

4. Dans la perspective de la linguistique classique, le
langage, forme particulièrement élaborée de l'activité
sémiologique, repose sur l'emploi pertinent de signes,
c'est-à-dire d'éléments arbitraires convenus, suffisamment distincts, dans une langue déterminée par un groupe
social, dans une culture. Ces signes composent un système, de sorte que du point de vue expressif (élocutoire)
comme du point de vue significatif (sémiotique) chaque
signe n'a de sens que par rapport à son corpus de référence et sa valeur représentative est délimitée par les oppositions, ou les différences, ou les analogies qu'il pré-

sente confronté à d'autres éléments du même système. En définissant la langue comme un système on veut donc dire qu'elle n'est pas un récipient ou un réceptacle empli de pièces différentes et indépendantes, sortes de monades sans portes ni fenêtres, mais un filet où chaque signe ou mot est une maille se rattachant de proche en proche à toutes les autres; on veut dire également que chaque maille peut subir des modifications ou bien que chaque signe comporte une marge de variation quant à son sens et d'après son rapport au contexte. Aussi les relations de signe à signe ne sauraient être statiques, figées. Elles constituent une dynamique. La langue, comme le remarque Saussure, est comparable à un jeu d'échecs, à un système de forces composées. D'une part, dans la phrase, tous les signes et groupements de signes n'ont pas le même poids, ni la même destination; d'autre part, dans l'acte même de verbalisation, les anneaux qui composent la chaîne parlée s'organisent dans le temps.

5. Tout discours, toute parole, suit un ordre temporel où interviennent à la fois des éléments donnés en simultanéité et d'autres éléments donnés en succession. Comme émis et entendu l'ordre temporel qui régit le langage est de nature auditivo-phonatoire; il suppose donc pour être correctement communiqué et perçu l'intégrité de certains pouvoirs spécialisés sensori-moteurs, ces pouvoirs ayant une fonction d'ajustement comme on le voit dans les conduites d'auto-contrôle auditif. Comme élaboré et appréhendé quant à son sens il est de nature syntagmatique c'est-à-dire qu'il implique des enchaînements appropriés à l'intérieur d'une filière signifiante; il suppose donc l'intégrité de certains autres pouvoirs que le psychologue nommerait symboliques car ils correspondent à la transformation ou à la transposition d'un or-

dre structural de co-présence en un ordre linéaire de succession. Les éléments perceptifs d'un objet, d'une image, sont coexistants dans une structure; les éléments descriptifs de l'objet ou de l'image sont énoncés à la suite, cette suite comportant elle-même son principe organisateur, car la description n'est pertinente que si elle suit un ordre. Il est clair que l'analyse des troubles aphasiques passe nécessairement par ces deux voies. Les démarches classiques antérieures, qu'elles soient médicalistes ou psychologisantes ont déjà répondu à ces exigences à leur manière, soit par une analyse des instrumentalités du langage, soit par une analyse des conduites dites symboliques et intentionnelles (la difficulté dans ce dernier cas étant, évidemment le recours à un univers intérieur, c'est-à-dire à une attitude mentaliste).

6. Transposée au plan de la linguistique l'interrogation sur les instrumentalités du langage ne signifie rien d'autre qu'une interrogation sur la manière dont le système des signes effectivement encore disponibles chez le sujet aphasique, soit comme émis, soit comme entendus, est modifié par rapport à la langue normale. On ne peut répondre à cette question que si l'on procède d'abord à une analyse réductive de la langue en vue de déterminer ses constituants auditivo-phonatoires. Cette analyse conduit à distinguer comme éléments de base des monèmes et des phonèmes. Par monème on désignera toute séquence verbale simple mais ayant par elle-même valeur de signe; en outre, parmi les monèmes on distinguera ceux qui ont une valeur lexicale, c'est-à-dire qui ont une fonction de désignation, qui renvoient à un signifié (lexèmes) et ceux qui ont une valeur grammaticale qui, par leur forme ou leur déclinaison, remplissent une fonction sans pour autant connoter un objet (morphèmes).

Les unités verbales ainsi définies sont dites unités de première articulation par distinction d'autres plus élémentaires ou phonèmes qui possèdent également une forme vocale mais ne véhiculent en elles-mêmes aucun sens. Les phonèmes ou unités de seconde articulation sont donc les plus petites séquences d'émission verbale dont les combinaisons multivariées conduisent à l'emploi de monèmes et, par extension, à tout le vocabulaire propre à une langue. Ces diverses indications peuvent se résumer dans cette définition de la langue par A. Martinet : « Une langue est un instrument de communication selon lequel l'expérience humaine s'analyse différemment dans chaque communauté, en unités douées d'un contenu sémantique et d'une expression phonique (monèmes); cette expression phonique s'articule à son tour en unités distinctives et successives (phonèmes) dont la nature et les interrelations diffèrent elles aussi d'une langue à l'autre ». On rappellera aussi que quelques dizaines de phonèmes et quelques milliers de morphèmes ont suffi jusqu'ici pour relater dans diverses langues toute l'expérience humaine. La qualité fondamentale de la double articulation est l'économie.

7. De même que les phonèmes doivent être ordonnés correctement dans leur émission pour composer des monèmes signifiants et être ainsi reconnus par un auditeur ou par le locuteur lui-même (qui s'entend parler s'il le veut), de même les monèmes doivent se succéder correctement dans le discours, selon certaines règles, pour véhiculer un sens. Dans ces conditions on peut dire que l'émission de toute unité linguistique signifiante réclame deux choix ou passe par deux contraintes complémentaires. L'un de ces choix sera dit vertical parce qu'il consiste à extraire du lexique ou des éléments basiques

du lexique l'élément adéquat et non pas d'autres éléments voisins par le son ou par le sens; tel est l'axe du langage dit paradigmatique. L'autre choix peut être dit horizontal en ce sens que le choix de l'élément doit se faire compte tenu de la chaîne verbale dans laquelle il vient s'enchâsser. Aux prélèvements lexicaux convenables viennent se combiner des règles d'emploi des mots du point de vue de leur successivité; tel est — comme on l'a déjà vu ci-dessus — l'axe du langage dit syntagmatique. Ce qui introduit en outre le concept de grammaticalité car, même indépendamment de son contenu sémantique, la phrase est toujours plus ou moins grammaticalement structurée. Deux énoncés tels que: «La terre est ronde comme une orange» ou «la terre est bleue comme une orange verticale» sont grammaticalement d'un degré équivalent même si le second paraît absurde, ou fantaisiste; mais un énoncé tel que «Comme une ronde terre orange la est» dont la successivité est sans règle est à un degré de grammaticalité inférieur sinon nul. Le concept de grammaticalité renvoie donc, entre autres possibilités, à l'analyse des hérésies ou déviances syntaxiques sans référence nécessaire au sens.

8. Ces quelques observations ramènent à l'idée précédemment émise que toute langue est un système, une structure, dont chaque élément a une position prévisible et se définit, pour une part essentielle, par cette position. Comme science des systèmes ou structures-langues la linguistique se subdivise en une sémantique qui étudie le sens des mots et de leurs variations, en une grammaire intervenant à deux niveaux: celui de la morphologie (combinaisons inférieures au mot) et celui de la syntaxe (combinaisons supérieures au mot — la phrase étant l'unité la plus grande à laquelle puissent s'appliquer des

règles structurelles), en une phonétique et en une phonologie. La phonologie consiste en l'étude des traits pertinents qui permettent de différencier un phonème d'un autre dans une langue donnée, mis à part toute caractéristique individuelle d'émission; ainsi, dans la langue française les voyelles *a* et *u* véhiculent des sens différents; elles permettent par exemple la différenciation des mots *balle* et *bulle*; mais il est d'autres langues où certaines voyelles, *i* et *u* par exemple, bien que présentes dans la prononciation, n'ont pas ce pouvoir différenciateur; aussi, au regard de la phonologie, ne comportent-elles point de traits pertinents l'une par rapport à l'autre. La phonologie considère donc les phonèmes quant au sens que tel son revêt dans une langue déterminée, non quant à la production du son lui-même (ainsi le mot lundi peut être appréhendé dans une marge de variation allant de *in* à *an* selon l'accent; en revanche le trait pertinent serait annulé dans une variation vers *on* par suite de l'interférence possible avec l'expression: *l'on dit*). C'est à la phonétique, précisément, que revient l'étude de cette production phonique, c'est-à-dire la description et la quantification des caractéristiques physiques des sons verbaux. D'une part, les sons peuvent être analysés et mesurés en termes d'intensité, de fréquence, de durée; d'autre part, ils peuvent être distingués par la manière dont un locuteur utilise, en tant qu'individu, l'ensemble de ses organes oro-laryngés. Composant le système général des voyelles et des consonnes et distinguant pour chacune telle caractéristique (par exemple, de fréquence) le phonéticien est en mesure de définir concrètement les conditions de l'émission (articulation, élocution, prononciation) la plus adéquate.

9. Phonétique et phonologie peuvent contribuer ainsi

à l'analyse linguistique des troubles du langage, l'une en décrivant et mesurant les altérations de la parole prononcée et entendue: troubles auditivo-phonatoires et troubles auditivo-gestuels (lorsqu'il s'agit de la gesticulation spécialisée des organes transmetteurs directs de la parole: langue, lèvres, cavité buccale faisant fonction de résonateur) l'autre, en décrivant et appréciant l'étendue des altérations dans l'intégration des traits pertinents des sons entendus. De même, sémantique et grammaire doivent permettre, d'observer d'une part, comment s'effectue la distribution du vocabulaire dans la pratique verbale de l'aphasique (d'où l'on peut tirer des indications fondamentales sur le thème de la compétence), d'autre part comment fonctionne la syntaxe de l'aphasique, dans les troubles de l'agrammatisme et du paragrammatisme, par rapport à la syntaxe normale. Si, par exemple, l'on admet avec Chomsky que la grammaire est, en tant que combinatoire de la langue, le système des règles de substitution et de transformation de phrases élémentaires (d'où le concept de grammaticalité) la question posée sera de savoir quelles limitations ou modifications l'aphasie provoque dans l'usage de ces règles. De même, analysant les structures de phrases-noyaux et tenant compte du fait qu'il est grammaticalement possible de distinguer en toute phrase un aspect syntagmatique (l'ordre de composition et de successivité) et un aspect flexionnel (l'utilisation de la conjugaison ou des déclinaisons) on pourra demander si les altérations de l'aphasie jouent simultanément sur ces deux aspects ou peuvent n'affecter que l'un ou l'autre. Sur de nombreux et divers points la linguistique fournit ainsi des matériaux susceptibles d'une approche physicaliste et mathématique (on notera par exemple, l'introduction de notions utiles exprimables en termes de mesure — formants d'un phonème — le recours à des théories mathématisées — théorie de l'information — l'emploi de méthodes objectives appuyées sur l'expérimentation de laboratoire — machine à synthétiser les émissions verbales). Dans certains cas, les résultats recueillis permettent de se prononcer avec rigueur sur la valeur des interprétations psychologiques antérieures : est-il évident, par exemple, que la perte de la mentalité catégorielle, l'annulation de l'abstraction, soient des traits constants et essentiels de l'aphasie, comme le déclare Goldstein ? L'examen de la distribution zipfienne du vocabulaire des aphasiques (voir plus loin) est fort instructive à cet égard.

2. LES SYNDROMES DE DESINTEGRATION : PHONETIQUE ET PHONOLOGIE

10. Les recherches de l'école française contemporaine sous l'influence d'Alajouanine ont conduit cet auteur à définir un syndrome de désintégration phonétique que l'on retrouve avec de mêmes caractérisiques chez des sujets atteints d'anarthrie ou d'aphasie à dominance motrice. Ce syndrome comporte un aspect parétique caractérisé par la faiblesse des mouvements de l'articulation orale, un aspect dystonique caractérisé par des mouvements exagérés et brusques, et un aspect apraxique caractérisé par l'impossibilité de réaliser certains mouvements intentionnels appropriés, en particulier ceux du système orolaryngé. La conséquence de ces trois altérations qui se combinent diversement selon les malades est une atteinte de l'expression au niveau des énoncés élémentaires (phonèmes), ceux-ci étant déformés sous divers aspects systématiques dont l'analyse phonétique fournit la description. En outre, ces déformations vont de pair avec une réduction massive ou totale de l'expression verbale et

avec une perte de l'incitation volontaire à la parole (et aussi, dans beaucoup de cas à l'écriture) alors que, cependant, certaines émissions verbales automatiques sont conservées. Il existe toutefois, une différence fondamentale, du point de vue évolutif, entre l'anarthrie et l'aphasie de Broca. Dans la première, la perte du langage consécutive à un accident cérébral est transitoire, l'activité verbale pouvant être récupérée mais avec des déformations constantes dans l'articulation; dans la seconde, la perte du langage est durable ou définitive au plan de l'activité volontaire, alors que les émissions automatiques occasionnelles (déterminées souvent par des états de tension émotionnelle) sont peu altérées du seul point de vue articulatoire.

11. En règle, les caractéristiques orales du syndrome de désintégration phonétique sont les suivantes: les consonnes sont moins conservées que les voyelles et, parmi celles-ci les orales prennent le pas sur les nasales (*bobo* pour *bonbon*); de même, parmi les consonnes, les occlusives résistent mieux que les constructives (*pa* pour *froid*, *tou* pour *sou*); les élisions sont fréquentes (*tain* pour *train, tepal* pour *cheval, biller* pour *briller*) ainsi que les contaminations entre phonèmes sous la forme d'assimilations (*crapaud, drapeau, chapeau,* seront prononcés *papeau* ou *dadeau*) ou de métathèses (*panchagne* pour *champagne, masaguin* pour *magasin*). Des analyses phonétiques plus récentes fournissent des précisions complémentaires: la voyelle buccale *u* est le plus aisément prononcée, *ou* également; les nasales sont altérées surtout en position finale dans un mot (*grod* pour *grogne*); les consonnes liquides et les dentales suscitent les plus grandes difficultés (*bod* pour *bol*) (*l, z, g*). Les consonnes ou voyelles finales subissent des déplacements

qui les situent en tête d'un mot (*l* - *docile* pour *docile*),
(*v* - *lessive* pour *lessive*). Il s'agit donc dans tous les cas
de perturbations d'ordre phonétique mais qui n'altèrent
pas le sens du langage. Les sujets ont conscience de leurs
propres erreurs d'articulation qu'ils essaient, à l'occasion, de corriger et ils reçoivent par ailleurs correctement, le langage d'autrui. «Les erreurs commises, écrit
R. Tissot, ne se distingueraient qu'en intensité et nullement en essence des erreurs que l'on rencontre chez le
locuteur normal.» Ni asymbolique, ni anosognosique l'altération ne porte que sur la qualité technique de l'émission, c'est-à-dire sur la maîtrise des processus articulatoires. Le malade reste capable, en principe, de puiser adéquatement dans le lexique, mais il ne peut réaliser ses
prélèvements dans la chaîne parlée. D'où les réactions
catastrophiques (agitation, colère, démission) qui sont
typiques du comportement général dans l'aphasie de
Broca, le malade ayant une conscience aiguë de sa déchéance et de son incapacité à y remédier.

12. En parallèle du syndrome de désintégration phonétique un auteur comme Luria décrit un syndrome de
désintégration phonémique qu'il définit comme «une perturbation de l'analyse et de la synthèse des sons de la
langue». L'accent est donc mis, en termes classiques, sur
les déficits d'ordre sensoriel et, en termes de linguistique,
sur des perturbations d'ordre phonologique, c'est-à-dire
sur l'incapacité à distinguer les traits pertinents de la langue. Cette incapacité peut avoir un effet en retour sur le
propre comportement verbal du sujet. Celui-ci ne pouvant plus distinguer les signes du langage à l'audition ne
saurait davantage les spécifier à l'émission. Aussi, sans
difficultés articulatoires, l'usage verbal serait-il destiné à
tomber dans le jargon. Il est vrai, certes, que les aphasi-

ques en général présentent, comme d'ailleurs beaucoup d'autres sujets porteurs de lésions cérébrales sans aphasie consécutive, des troubles de l'audition, ces troubles se caractérisant pour l'essentiel par un déficit auditif bilatéral et par une perte de l'audition des fréquences aiguës. Mais ces insuffisances ne peuvent être considérées comme responsables à elles seules de la désintégration phonémique, car, lorsqu'elles se présentent chez un sujet normal dans les cas de surdité ordinaire ou de presbyacousie (en rapport avec le vieillissement) elles ne font qu'altérer la réception des sons mais non la reconnaissance de traits pertinents. La perturbation auditive chez les aphasiques semble être d'un autre ordre : elle concerne la fonction de découpage des séquences sonores complexes, c'est-à-dire la fonction de différenciation des combinés figure-rond sonore. Luria observe, par exemple, que si certains de ses sujets sont capables encore de distinguer des sons isolés, ils échouent dans cette opération lorsque ces mêmes sons se trouvent associés ou émis sur un fond sonore (étant entendu que, dans les mêmes conditions de contrôle, un sujet normal reste aisément efficace).

13. Précisément, dans l'ordre phonologique, de nombreuses expériences font apparaître les différences existant entre sujets sains et sujets aphasiques. Les observations réalisées à propos de l'auto-contrôle auditif entrent dans ce cadre (encore que les résultats obtenus demandent à être appréciés avec nuances). Il s'agit d'étudier chez un sujet donné les perturbations qu'entraîne l'audition retardée de sa propre voix. Chez les normaux les troubles affectent presque exclusivement les aspects articulatoires des énoncés : le débit devient irrégulier, haché ; des arrêts et des itérations de la parole se produisent tels

que blocages, bégaiements, bredouillements. L'activité verbale est alors comparable à celle d'une aphasie où domineraient les perturbations arthriques. Au contraire, chez des sujets aphasiques, l'audition retardée entraînerait une accentuation des paraphasies et de la jargonophasie. L'altération porterait donc dans un cas sur la seule émission et dans l'autre cas sur la sémantique et la syntaxe, c'est-à-dire sur le sens. Mais cette conclusion dichotomique doit être accueillie avec réserve, car d'autres contrôles montrent que des sujets réputés anosognosiques restent pourtant capable de critiquer le langage qu'ils ont produit dans de telles conditions et d'en signaler les erreurs lorsqu'on leur en fait entendre un enregistrement en écoute normale. L'auto-contrôle auditif n'est donc pas annulé chez ces sujets; c'est plutôt leur vivacité à réagir opportunément à l'audition différée qui serait en cause, c'est-à-dire un processus de mobilisation et non le processus de réception lui-même. Seuls, de façon apparemment paradoxale, seraient réellement atteints d'un désordre de l'auto-contrôle auditif, les sujets chez lesquels l'audition décalée n'entraîne aucun effet secondaire par modification ou aggravation de leur trouble initial; en quelque sorte la déformation verbale, demeure constante et fonctionne donc indépendamment de la prise d'information auditive. C'est seulement dans de tels cas, caractérisés cliniquement par des déformations de mots (paraphasies phonémiques) que l'on peut invoquer, avec vraisemblance, la notion d'anosognosie, cette notion signifiant alors la perte du processus d'intégration au niveau du feed-back auditivo-phonatoire combiné à l'altération d'afférences proprioceptives.

14. La voie ouverte, d'une part, par la linguistique de Saussure insistant sur le caractère arbitraire des signes

et, d'autre part, par la théorie de l'information, soulignant qu'un message ne peut être transmis et déchiffré utilement qu'à l'aide de signes «discrets», conduit directement au thème de la digitalisation verbale et à son contrôle par la voie expérimentale. La digitalisation en général peut être définie comme l'une des caractéristiques de tout acte perceptif consistant à effectuer un découpage utile à l'intérieur des messages en continuité qui émanent du monde extérieur. Ce découpage actif n'est prédéterminé, ni dans le sujet ni dans l'objet qu'il perçoit. En fait, il doit être conquis par chaque individu selon ses besoins et son utilité, dans la succession de ses apprentissages perceptifs, mais compte tenu également d'un contexte culturel qui oriente la fonction de découpage et qui peut être, en lui-même, source de variation. La perception des sons musicaux pertinents et des particularités du rythme, par exemple, est fort différente selon les cultures; de même, le découpage en couleurs distinctes du spectre d'un prisme (arc-en-ciel): celui-ci ne comporte aucun seuil précis permettant de dire quand, perceptivement on passe d'une couleur à l'autre; ce passage est laissé, pour ainsi dire à la discrétion du sujet et de sa culture; les uns discriminent sept couleurs et possèdent dans leur langue les dénominations correspondantes, d'autres cinq, d'autres trois (breton, gallois) d'autres deux, le spectre visible étant alors seulement divisé en deux régions... Or, la prise d'information dans l'ordre du langage répond également à cette règle: il faut que des signes ou éléments discrets (discretus) soient extraits d'un continuum vocal pour que celui-ci soit significativement appréhendé. La chaîne parlée ne sera comprise que dans la mesure où elle pourra être digitalisée. Naturellement, la digitalisation est, pour ce qui concerne la langue, le critère élémentaire du lexique, chaque mot devant être distingué de tout autre [encore que, à ce propos les modes de distinction varient d'une langue à l'autre: par exemple, le français distingue l'animal comme être vivant et la chair comestible de cet animal par la simple opposition des articles *un* et *du* (un mouton, du mouton) alors que l'anglais utilise deux vocables différents (*sheep, mutton*)], mais ce découpage se retrouve au niveau phonologique, c'est-à-dire pour les unités phonématiques ou de deuxième articulation. Les signes linguistiques ne sont pas des stimuli phoniques aléatoires; ils demandent à être catégorisés et ils le sont, perceptivement, d'une façon qui peut paraître paradoxale.

15. L'analyse des réactions perceptives à l'émission de sons, de bruits et de leurs combinaisons met en évidence ce phénomène de catégorisation. En l'occurrence la démarche expérimentale prend appui sur la spectographie, technique permettant la conversion de données acoustiques en données visuelles. L'examen du spectogramme des sons vocaliques (voyelles) montre qu'il existe pour chacun de ceux-ci des concentrations de l'énergie émise dans des zones de fréquence relativement étroites; par exemple, l'émission d'un son tel que *euh* comporte deux groupes d'harmoniques dont les sommets, ou fréquences dominantes, ou *formants*, se situent à 250 et 2.500 hertz (périodes par seconde). Le son *euh* est spécifié par ces deux formants. Les consonnes, pour leur part, se présentent comme des bruits apparaissant lorsque des modifications rapides interviennent dans la hauteur ou l'intensité des formants. Ces bruits, non périodiques, sont comme des phases de transition entre voyelles; la dimension temporelle y joue un rôle important. Les combinaisons de voyelles et de bruits produisent des

événements phoniques qui obéissent, perceptivement, à la règle de la digitalisation; ces événements sont spécifiés en tant que signes linguistiques. C'est ce que montre l'expérience suivante: des voyelles différentes ayant été enregistrées on les fait entendre à un auditeur, précédées de bruits de durée fixe mais de hauteur variable, c'est-à-dire, en termes subjectifs, aigus ou graves. Dans ces conditions l'auditeur perçoit des unités phonématiques, mais dans lesquelles l'élément consonnantique perçu est différemment identifié selon la hauteur du bruit (un bruit situé au-dessus de 3.000 herts, à une fréquence quelconque, est perçu comme un son t; au-dessous de 3.000 hertz comme un K, si toutefois le second formant de la voyelle qui lui est associée se trouve à une fréquence moindre; sinon le même bruit sera perçu comme un p). En d'autres termes, des bruits différents au-dessus d'un certain niveau donnent lieu à une identification; ils sont le même bruit ou la même classe de bruits; de mêmes bruits en dessous d'un certain niveau sont catégorisés comme bruits différents en rapport avec l'élément phonique qui leur succède. De plus, ces bruits sont perceptivement convertis: ils composent, associés aux marques vocaliques, des signes du langage.

16. Les indications précédentes sont nécessaires si l'on veut comprendre l'emploi qui est fait des synthétiseurs de paroles ou machines à digitaliser dans la détermination des troubles aphasiques. Ces machines permettent des combinaisons artificielles d'émissions verbales élémentaires, c'est-à-dire qu'elles introduisent des modifications dans l'ordre de production des formants permettant ainsi des variations acoustiques quasi continues d'une syllabe quelconque à une autre.Il est donc possible de contrôler si, à l'écoute de ces sons synthétiques un

sujet sera capable d'en opérer la distinction — de les digitaliser — soit pour certaines valeurs de la série ainsi
constituée, soit pour toutes, indifféremment. L'expérience montre que chez un sujet normal dont la tâche est
de repérer et d'identifier en tant que sons verbaux des
stimuli synthétiques présentés à tour de rôle dans un ordre aléatoire, la perception opère une catégorisation telle
que tous les éléments sont effectivement rangés dans une
classe ou dans une autre. Il apparaît également que les
variations intérieures à une classe ne sont guère perçues,
alors que le sont nettement celles qui correspondent à la
frontière entre deux classes — et ceci bien que les écarts
de variation soient tous égaux. Tout se passe donc
comme si la digitalisation chez le sujet normal consistait
d'une part à regrouper des éléments acoustiques en ce
qu'ils ont de commun et en négligeant les petites variations qui les affectent, donc à appliquer une règle de similarité; et d'autre part à distribuer des éléments acoustiques en tenant compte de ce qu'ils ont de distinct et en
effaçant ce qu'ils ont de commun, donc à appliquer une
règle de distinctivité ou de contraste. La raison d'être de
ces deux démarches étant d'ordre à la fois économique et
utilitaire: la discrimination doit être affinée, renforcée
aux points critiques, c'est-à-dire aux frontières acoustiques des phonèmes; il n'est pas nécessaire qu'elle le soit,
au contraire, dans la bande d'étalement propre à chaque
phonème (il suffit que le sujet ne fasse pas d'erreur sur le
repérage des stimuli devant entrer dans chaque bande).

17. Les observations courantes de sujets aphasiques
en situation d'audition suggèrent déjà que leur activité de
découpage de la chaîne parlée est sensiblement perturbée
par rapport à celle du sujet normal. Quotidiennement, le
processus de digitalisation est sollicité dans tout échange,

et en particulier lorsqu'il s'agit de suivre, sinon de participer à une conversation à plusieurs, ou également lorsqu'il s'agit de percevoir la parole d'autrui sur un fond de bruit. En outre, pour fonctionner efficacement, ce processus doit s'effectuer avec une sûreté sans défaut et une rapidité extraordinaire. Si l'on admet que le débit moyen de la parole est de l'ordre de dix phonèmes par seconde, cela signifie que les décisions d'identification et de catégorisation — déjà au seul niveau du phonème — doivent être effectuées sur le champ et incessamment renouvelées pour chaque nouvel élément perçu. Ne serait-ce qu'en raison des difficultés de mobilisation comportementale présentées par nombre d'aphasiques on peut présumer que la digitalisation est perturbée. L'intérêt d'observations conduites à l'aide des machines à synthétiser la voix est de montrer, précisément, que dans les cas d'aphasie, la fonction de découpage des sons verbaux artificiels est beaucoup plus réduite que chez le normal; tout se passe comme si le malade ne pouvait extraire d'une chaîne artificielle les traits pertinents qui s'y trouvent cependant — mais avec des indices distinctifs atténués — soit pour les regrouper en une même catégorie, selon la règle de similarité, soit pour les affecter à des catégories différentes, selon la règle de contraste. « Pour l'aphasique, écrit R. Tissot, distinguer *t* et *d* est aussi ardu que, pour le sujet normal, la distinction d'un trait phonémique pertinent d'une langue étrangère et qui n'est pas utilisé dans se propre langue.»

18.   La perturbation de l'analyse et de la synthèse des sons de la langue apparaît donc, sous son aspect phonologique, dans les conditions objectives de l'expérimentation, comme un trait caractéristique de l'aphasie. C'est, en particulier, la fonction de contraste, l'une des bases du

processus de digitalisation qui est atteinte (on observera au passage que, sur un tout autre plan, celui de la mentalité catégorielle, le test de l'écheveau de laine bariolé de Gelb et Goldstein, met en évidence cette même altération). Toutefois, cette analyse expérimentale de la désintégration phonémique demande à être précisée et nuancée par une approche clinique. Cette approche s'est développée en France grâce aux travaux de l'école d'Alajouanine et Lhermitte. En effet, dans le langage des jargonophasiques, ces auteurs distinguent deux sortes de troubles. Si certains malades déforment les mots qu'ils prononcent — ce qui est proprement le cas d'altération phonémique — d'autres emploient les mots les uns pour les autres, mais sans déformation interne. Il est vrai que beaucoup de jargonophasies sont au carrefour, ou constituent un mixte de ces deux troubles. Mais il en est de suffisamment typées pour autoriser la distinction clinique entre une paraphasie phonémique et une paraphasie sémantique. La première fait apparaître une égale altération de la répétition et de la parole spontanée, mais non de la compréhension orale; la seconde montre, à l'inverse, des troubles sérieux de la compréhension, mais sans atteinte de l'énonciation (même des mots difficiles sont répétés correctement), On conçoit donc que, en clinique, la jargonophasie comporte deux directions, ou en linguistique correspond à deux niveaux. Tantôt l'atteinte est d'ordre phonologique; le sujet n'intègre pas correctement les traits pertinents de ses propres énoncés. Tantôt l'atteinte est d'ordre sémiotique; les termes émis n'ont plus de valeur en tant que sémantique. Ce qui laisse supposer, dans ce second cas, non plus une perturbation du système auditivo-phonatoire, mais un trouble à un niveau d'intégration plus élevé — celui du lien entre signifiant et signifié.

19. De sorte que si l'on fait, sous l'éclairage de ces diverses données fournies par la linguistique et précisées éventuellement par la clinique, le bilan des troubles fondamentaux de la formulation, on relève, pour l'essentiel, les trois spécifications suivantes. Au niveau de l'activité phonétique on trouve un syndrome de désintégration phonétique caractérisé par l'altération de l'articulation adéquate avec des signes anatomo-cliniques tels que l'hémiplégie, l'apraxie bucco-faciale et l'anarthrie, les stéréotypies, etc. Au niveau de l'activité phonologique on trouve un syndrome de désintégration phonémique caractérisé par la difficulté à reconnaître et par conséquent à souligner dans ses propres émissions les traits pertinents des signes du langage; d'où la liaison existant, du point de vue clinique, entre paraphasie phonémique et anosognosie. Au niveau de l'intégration des signes comme représentatifs un syndrome d'altération sémiotique caractérisé par la perte du lien unissant signifiant et signifié — ce qui laisse supposer une atteinte du système symbolique extra-linguistique, atteinte que les auteurs psychologisants ont analysée en termes de troubles de l'intelligence, de la pensée catégorielle, ou de l'organisation mentale espace-temps. Mais la psycho-linguistique ne s'arrête pas à cette classification. Elle pose d'autres questions essentielles : elle demande si la réduction des performances ainsi repérées à divers niveaux entraîne, ou est le signe, d'une réduction parallèle de la compétence, c'est-à-dire — comme indiqué plus haut — d'une altération fondamentale du taux d'information dans la communication (ce qui impliquerait une « autre » distribution non-normale du vocabulaire) et une annulation de certains modèles de transformation des phrases élémentaires. La première interrogation touche évidemment l'ordre de la sémantique, et la seconde l'ordre de la grammaticalité.

3. LES TROUBLES DE LA SEMANTIQUE
ET LES TROUBLES DE LA GRAMMATICALITE

20. Dans le cadre de la théorie de l'information nombre d'auteurs se sont attachés à déterminer les probabilités d'occurrence des unités linguistiques (mots, phonèmes, lettres) dans une langue donnée. Par probabilité d'occurrence il faut entendre la probabilité pour telle unité linguistique d'apparaître plus ou moins fréquemment dans un contexte d'énoncés écrits ou oraux. Cette probabilité peut être mesurée avec une précision satisfaisante; c'est-à-dire que la fréquence d'un événement linguistique dans un domaine défini (par exemple celui de la conversation ordinaire) est presque entièrement prévisible, aussi bien que celle d'un phénomène physique dont on connaîtrait le contexte. On sait, par exemple, que dans la langue allemande, seulement 30 mots entrent pour un tiers dans la totalité des mots utilisés dans n'importe quel texte, ou que seulement 200 mots y entrent pour moitié. Ceci revient à constater que la fréquence d'un petit nombre de mots est fort élevée tandis que la fréquence d'un très grand nombre de mots est faible ou très faible. Sur un bilan de 10 millions d'occurrences on peut prédire que 30 mots réapparaîtront près de 3 millions et demi de fois, alors que plus de quinze mille n'apparaîtront qu'environ deux cent mille fois (soit moins de 2 % par rapport à la totalité). Il est clair que dans la langue française les verbes *avoir* et *être* ont une probabilité d'occurrence plus forte que les verbes *posséder et exister* et bien plus forte que n'importe quel autre verbe désignant une action spécialisée, par exemple, pris au hasard, les verbes *catapulter* et *claquemurer*. Le lexique d'un individu, le nombre de mots connus et donc utilisables en principe peut être fort étendu (à la limite c'est le lexique entier de la langue)

mais les prélèvements dans le lexique se font de façon extrêmement inégale.

21.   Deux lois peuvent être énoncées relativement à la probabilité d'occurrence dans tout énoncé verbal et dans n'importe quelle langue. En premier lieu, indépendamment du sens, les mots les plus fréquemment employés par un locuteur normal sont courts ou les plus courts tandis que les mots le plus rarement employés sont longs ou les plus longs. En second lieu, si l'on classe les mots par ordre de fréquence et si l'on construit une courbe mettant en relation la fréquence des mots et le rang de ces mêmes mots d'après leur fréquence, on obtient une ligne à pente régulière avec un certain indice de pente variant selon la richesse (mots rares relativement plus fréquents) ou la pauvreté (mots courants relativement plus fréquents) du vocabulaire. Il est vrai que les deux variables ne sont pas indépendantes puisque le rang des mots est déterminé par sa fréquence, mais l'intérêt de la courbe est de montrer que si tous les mots étaient de même fréquence on obtiendrait une ligne quasi horizontale, et que si, à l'inverse, les mots se distribuaient en deux seules catégories, ou très fréquents ou très rares, on obtiendrait une ligne quasi verticale. En fait, la courbe se présente comme une oblique, étant entendu que l'oblique d'un vocabulaire riche aura une pente moins accentuée mais plus haute et plus longue que celle d'un vocabulaire pauvre. Un langage égocentrique où peu de termes sont employés mais de façon redondante donnerait une courbe concave et basse; un langage ouvert, élaboré, où beaucoup de termes sont employés, les plus longs et les plus rares aussi bien que les plus courts et les plus courants donnerait une courbe haute et convexe. Ce sont donc les faits empiriques qui déterminent la position et la forme de la

courbe pour un locuteur donné, mais toujours sous la forme d'un compromis entre deux extrêmes théoriques: verticalité et horizontalité. En bref, la signification pratique de ces deux lois est claire: il est plus économique d'utiliser un mot court qu'un mot long; il est plus économique aussi d'utiliser un mot courant qu'un mot rare. L'usage général du langage, comme d'ailleurs de toute autre activité, relève d'un principe d'économie. Pour le locuteur il s'agit d'obtenir un rendement optimal avec une dépense minimale. Tel est le sens de la distribution zipfienne du vocabulaire.

22. On peut donc présumer que toute espèce d'atteinte ou de perturbation altérant l'autonomie de comportement d'un sujet doit entraîner une accentuation de sa tendance à l'économie et donc, pour ce qui concerne son langage, une restriction lexicale, soit par privation, soit par redondance. On peut observer déjà que chez un sujet normal toute situation de stress provoque une limitation des possibilités verbales, soit en « gelant » l'expression soit en la rendant exagérément répétitive. A propos de l'aphasie les interprétations de Jackson (sur la décapitation du langage propositionnel et sur l'accentuation des stéréotypes émotionnels) et de Goldstein (sur la ritualisation du comportement général et verbal comme moyen de conjurer les situations catastrophiques) s'accordent évidemment avec les observations précédentes. Les performances linguistiques de l'aphasique fonctionnent à bas régime, que ce soit sous la forme de l'annulation ou sous la forme de l'exaspération — c'est là, même, la définition clinique des deux principaux aspects de l'aphasie. Mais la vraie question est de savoir si la compétence linguistique elle-même est perturbée de telle sorte que le vocabulaire de l'aphasique fonctionnerait indépendamment des deux

lois énoncées précédemment, c'est-à-dire aurait une distribution autre que zipfienne, une distribution incohérente, chaotique. C'est donc la réponse expérimentale donnée à cette question qui, seule, permettra de décider si, oui ou non, l'aphasie implique une rupture, un décrochement, d'avec les fondements mêmes de l'activité linguistique et sémiotique.

23. Les résultats recueillis à cet égard par Howes sur un groupe important de sujets aphasiques montrent qu'il existe pour ceux-ci une courbe du rapport fréquence-rang des mots comparable dans sa forme générale à celle des sujets normaux. La distribution du vocabulaire chez l'aphasique reste donc une distribution zipfienne; elle obéit à la même loi que chez les normaux. Ce qui implique que les mécanismes de base de la compétence linguistique sont préservés. En revanche, comme l'on pouvait s'y attendre, la droite logarithmique représentative de cette distribution a une pente plus forte que celle des normaux et l'indice de pente s'accentue d'autant que l'on passe de bilans d'aphasies modérées à ceux d'aphasies graves. Par conséquent, si le vocabulaire de l'aphasique reste ouvert (on ne peut pas dire que l'aphasique a perdu ou oublié certaines catégories de mots — même s'il n'use de celles-ci que de façon significativement plus faible que le sujet normal, par rapport à l'ensemble de son vocabulaire — mais, seulement que, pour toutes espèces de mots, il a, bien moins que le normal, l'opportunité de leur utilisation) la température informationnelle de son langage est faible ou très faible. Les mots rares, à grande valeur informationnelle sont exceptionnels, les mots courants, à faible valeur informationnelle, sont particulièrement fréquents, d'autant qu'ils sont employés de façon réitérée, avec une redondance accentuée dans de nom-

breux cas. Ces mots sont surtout des substantifs communs et des verbes à l'infinitif. Ces constatations rejoignent les interprétations antérieures sur le rétrécissement du langage, en particulier sous ses formes volitionnelles et représentatives, mais elles s'en éloignent sur un point essentiel : à savoir que la limitation des performances n'est pas le signe d'une extinction de la compétence. En termes de psychologie, la décapitation de l'attitude abstraite, l'annulation de la mentalité catégorielle, ne peuvent être considérées comme des marques essentielles de l'aphasie.

24. De plus, si l'on considère l'activité des sujets aphasiques relativement à leur taux d'émission verbale dans le temps — par référence à celle de sujets normaux — on arrive à distinguer deux sous-groupes nettement différenciés entre eux aussi bien que par rapport au groupe des normaux. L'un de ces sous-groupes est composé de sujets dont la fréquence d'émission de mots à la minute est inférieure à 100 (limite inférieure pour les normaux) et se rapproche pour certains d'une fréquence nulle ; à l'inverse, l'autre sous-groupe est composé de sujets dont la fréquence d'émission se situe au-delà de 150 (limite supérieure pour les normaux) et peut atteindre jusqu'à 220 mots-minute. Chez les sujets de la première catégorie, caractérisés par une émission gênée, lente et difficile, on observe en outre que la valeur informationnelle de leur langage, le taux de variété des termes utilisés, croît en raison directe de l'accélération relative de leur débit — en corollaire, on peut dire que le langage de ces sujets est d'autant moins porteur de sens que leur parole se raréfie (ce qui n'est qu'apparemment une évidence, car un message court et lent, en peu de mots, peut être beaucoup plus riche qu'un message long et rapide,

avec beaucoup de mots). A l'inverse, chez les sujets de l'autre catégorie, à émission fluide, volubile et facile — du point de vue élocutoire — le taux de variété décroît en raison inverse de l'accélération de leur débit — en corollaire, on peut dire que le langage de ces sujets est d'autant plus porteur de sens qu'ils parlent moins vite. En quelque sorte, plus les énoncés de ces malades « tournent » rapidement, plus le champ sémantique correspondant se rétrécit.

25. Dans l'évidente opposition du comportement verbal de ces deux catégories de sujets se retrouvent ainsi les distinctions classiques entre réduction verbale et logorrhée verbale, entre aphasie de Broca et aphasie de Wernicke. Ces distinctions se confirment, du reste, sur le plan anatomique, puisque la plupart des sujets du premier groupe présentent des atteintes d'ordre moteur tandis que ceux du second groupe sont rarement hémiplégiques, mais présentent, en revanche, des troubles réceptifs, en particulier dans la perception auditive des mots. Leur verbalisation accélérée, mais incongrue et « circulaire » contraste notablement avec celle des premiers, ralentie, mais appropriée et « linéaire » — encore que, pour ceux-ci, les ligatures formelles, les supports grammaticaux et flexionnels soient pratiquement absents; l'un de ces langages est un tourbillon de mots où dominent les paraphasies et le paragrammatisme; l'autre est une suite pointilliste, un tas de mots juxtaposés. Dans l'un, le sujet réalise la chaîne parlée mais en puisant inadéquatement dans le lexique; dans l'autre, le sujet puise adéquatement, quoique de façon raréfiée dans le lexique, mais il ne peut réaliser la chaîne parlée, sinon par un processus simplement additif.

26. Les précédentes observations se sont appliquées pour l'essentiel aux éléments verbaux en tant que mots, c'est-à-dire comme ayant une valeur informationnelle qui peut être appréciée en termes de fréquence et de rang, de taux de débit, de variété, etc. Il s'agissait donc de lexique et de sémantique; un sujet puise plus ou moins efficacement et abondamment dans son système-langue et l'on se demandait quels sont à cet égard les traits caractéristiques de l'aphasie. Il reste, néanmoins, que cette dissociation est d'ordre méthodologique et non pas d'ordre clinique et linguistique. Le comportement verbal est un comportement total, c'est-à-dire qu'il fonctionne simultanément à plusieurs niveaux, de l'organisation phonétique jusqu'à l'organisation syntaxique. Comme on vient de le remarquer il existe une liaison entre l'appauvrissement du vocabulaire et l'agrammatisme; tout se passe comme si le rétrécissement sémantique avait son répondant — pour ce qui concerne les performances — dans la pénurie des formes grammaticales, comme si le discours du sujet était ataxique. De même les cas d'exaspération de la parole vont de pair avec divers aspects de la distorsion grammaticale (paragrammatisme, dyssyntaxie). Il faut donc revenir toujours à cette idée (de Jackson) que le langage authentique est propositionnel et que, en conséquence, la compétence lexicale — quelle que soit sa précision ou son ampleur — ne peut fonctionner normalement que combinée avec une compétence grammaticale.

27. Comme on l'a déjà observé l'acte total du langage consiste à dérouler une simultanéité dans le temps, c'est-à-dire à transposer une structure où les éléments (perceptifs par exemple) sont co-présents en une séquence où ils apparaîtront à la suite selon un ordre. Portée à ce niveau l'analyse linguistique devra donc

s'exercer sur l'aptitude à utiliser des modèles syntaxiques et flexionnels et à varier l'emploi de ces modèles selon l'opportunité. Comme l'écrit Chomsky «la grammaire d'une langue est, en fait, une hypothèse sur les principes de formation des phrases dans cette langue». Elle est comme une théorie de la langue et cette théorie n'est valide que si elle est capable d'intégrer et de justifier tous les cas réels d'utilisation de la langue normale. Tous les autres cas d'utilisation qui échapperaient à cette intégration pourraient être dits aberrants, mais seulement dans la mesure où l'on pourrait dire en quoi et comment ils s'affranchissent des règles rationnelles d'utilisation. Telle est bien la pensée de Chomsky: le système de règles explicites qui définit la grammaire doit permettre de dire si chaque suite de sons «est une phrase bien formée ou *grammaticale* et sinon en quoi elle est déviante». Or, si l'on essaie de ramener à l'essentiel les règles de composition de la phrase on trouve, premièrement, qu'une infinité de phrases peuvent être construites sur le même modèle par simple substitution sémantique, c'est-à-dire par la seule substitution des éléments composants (du point de vue de la grammaticalité sont strictement équivalentes les deux phrases suivantes: «Paul parcourt un chemin dans la forêt» et «Jean traverse un couloir dans l'immeuble»), et, deuxièmement, que des phrases pratiquement identiques du point de vue sémantique, sont construites cependant sur des modèles entièrement différents du point de vue de la grammaticalité. Il faut donc pour passer d'un modèle à un autre recourir à un processus de transformation. Ainsi en va-t-il pour les modifications qui affectent les trois phrases suivantes: «Jean a frappé Paul». «Paul a été frappé par Jean». «Jean n'a pas été frappé par Paul».

28. Cette distinction des deux sortes de processus de composition de la phrase peut servir de ligne directrice pour une étude de l'altération de la grammaticalité chez les aphasiques. La constatation la plus générale est que, si les règles de substitution continuent à s'appliquer à des modèles élémentaires de même type — sortes de phrases-noyaux de même tournure et établissant des liaisons identiques entre mots différents — au contraire, les règles de transformation ou celles de complexification (soit par adjonction de formes structurales nouvelles, soit par emploi de tournures à l'interrogatif, au passif, etc., soit par combinaison d'éléments de coordination et de subordination) restent inutilisées. L'agrammatisme, à cet égard, représente un cas limite de privation en ce sens que même les modèles de composition les plus élémentaires sont absents. Toutefois privation n'est point annulation: on peut observer, en effet, que, dans les successions de mots comme juxtaposés qui caractérisent ce trouble, apparaissent quelques groupements syntagmatiques où se maintiennent des associations prédicatives (substantif-adjectif), déterminatives (substantifs complémentaires) parfaitement correctes. Il est clair, d'autre part, que la limitation des rapports formels, ou liens de grammaticalité, a un effet en retour sur l'usage restreint du lexique. Car, dans un discours grammaticalement inarticulé, divers mots disponibles en principe ne peuvent être ni sollicités ni éveillés comme ils le seraient par la programmation même d'une phrase normale. L'absence de forme entraîne un appauvrissement des contenus. C'est bien dans la mesure où le langage est propositionnel que les privations grammaticales déterminent d'autres privations au niveau des éléments composants possibles.

29. Les aphasies caractérisées par l'exaspération de la

parole sont en rapport, comme on l'a vu, avec les manifestations paraphasiques. Mais, pour ce qui concerne celles-ci, il est remarquable que des mots ou groupes de mots si déformés qu'ils soient restent intégrés dans des filières syntaxiques où ils conservent des marques grammaticales normales. Le malade qui déclare : «...ne beu ba tanguer» (pour : «je ne veux pas manger») déforme bien les mots, mais l'ordre de la phrase et les marques distinctives de la négation et des deux verbes, à la première personne et à l'infinitif, restent préservées. Plus nettement encore l'emploi de néologismes génériques (termes incongrus dans la langue et servant à désigner plusieurs objets par manque du mot convenable) n'implique pas que ceux-ci n'obéissent plus aux contraintes les plus simples de la grammaire — masculin et féminin, singulier et pluriel. «Le même sujet qui propose *le godô* pour le «bureau» fournit *la god* pour «la langue», opposant ainsi un féminin à finale consonantique (ou à «e muet») à un masculin en ô (= *on*) ce qu'autorise la structure morphologique du français. Du point de vue de la langue ces néoformes apparaissent donc comme de simples supports des caractéristiques grammaticales d'une phrase syntaxiquement normale» (D. Cohen, M. Gauthier, R. Angelergues). On pourrait dire que les contaminations, déformations, substitutions, qui se produisent au niveau des morphèmes et lexèmes n'altèrent pas fondamentalement le schème du mot en tant qu'objet grammatical déterminé par son contexte. Il est vrai, toutefois, que les troubles désignés sous le terme général de paragrammatisme présentent bien plus de variété et d'ambiguïté que le trouble agrammatique. Chez certains sujets, à la fois l'inflation de la parole et le manque du mot adéquat, submergent en quelque sorte la programmation de la phrase et provoquent un discours sans syntaxe; chez d'autres, la phrase incessamment reprise, procède par saccades, ouvrant parenthèses sur parenthèses, sans jamais atteindre son achèvement; chez d'autres, encore, les aspects syntaxique et flexionnel (modifications obligées sur le nombre, le genre, le mode) sont atteints indépendamment l'un de l'autre. Mais même dans ces cas on ne saurait conclure à l'annulation complète de la grammaticalité. Si l'aphasie est un trouble de la construction du langage elle n'est pas la destruction des compétences qui fondent le langage.

4. LA CLASSIFICATION DE JAKOBSON

30. Comme on l'a indiqué précédemment la position de Jakobson à propos de l'aphasie est celle d'un linguiste stricto sensu. Rien de ce qui concerne l'aphasie ne peut être examiné significativement « sans l'aide conductrice et vigilante de la linguistique »; devant un cas quelconque de perturbation du langage la seule question qui se pose est de savoir : « quelles sont les catégories de signes verbaux ou, en général, de signes tout court qui sont affectées ? ». La réponse à cette question implique que l'on procède d'abord à une analyse de ce qui se passe dans le langage normal : quelles sont les déterminations ou opérations fondamentales sous-jacentes au comportement verbal ? La démarche de Jakobson est, prenant appui sur certains caractères distinctifs de ces opérations, d'utiliser un système dichotomique à plusieurs étages dont chaque terme indique une direction propre de l'activité linguistique de sorte qu'une altération affectant cette direction particulière renvoie à une forme typique d'aphasie. A la dichotomie fondamentale qui concerne les opérations dites de sélection et de combinaison, s'associent deux autres dichotomies fondées, d'une part sur les thèmes de la limitation et de la désintégration, et d'autre part, sur les

thèmes de la simultanéité et de la successivité des actes
du langage. On peut distinguer ainsi six formes d'aphasie
s'opposant terme à terme à l'intérieur d'une paire dichotomique, et se différenciant par des traits particuliers
lorsque l'on confronte deux termes pris dans des paires
différentes. La classification est, en quelque sorte, à la
fois horizontale et verticale, symétrique par opposition
ou antithétique sur la ligne horizontale, comparative et
dégressive sur la ligne verticale.

31.   L'opération de sélection consiste en la capacité
d'effectuer des choix pertinents dans le lexique. Aussi
bien comme locuteur que comme auditeur un sujet
normal doit pouvoir maîtriser — utiliser ou reconnaître —
le terme adéquat. Le fondement de cette opération est la
similarité; les actes de langage seront d'autant mieux appropriés que le sujet aura une plus grande finesse dans
l'appréhension du «même et de l'autre», c'est-à-dire un
pouvoir de discrimination terminologique aussi étendu et
précis que possible (ce qui inclut des niveaux tels que
phonologique, sémantique, etc.). Dans toute activité
d'émission ou de compréhension d'un message verbal intervient, en somme, une conduite de décodage autorisant
les différenciations optimales nécessaires sur des ensembles de traits pertinents. La filière ainsi définie — sélection, similarité, décodage — correspond, en termes de
linguistique, à l'un des axes fondamentaux du langage,
l'axe paradigmatique. C'est sur cet axe que se situent les
signifiants appropriés à la meilleure détermination des signifiés. On conçoit dès lors qu'une altération intervenant,
pour ainsi dire, sur l'axe syntagmatique produira diverses
perturbations d'ordre paraphasique ou jargonophasique
qui, sous la grande diversité des aspects individuels revê-
tiront néanmoins un trait commun: la confusion ou l'incapacité à décoder.

32. L'opération de combinaison consiste en la capacité d'associer correctement des séries verbales, à commencer par les éléments phoniques qui entrent dans de telles séries. L'usage normal de la combinaison a pour fondement la contiguïté phonémique et syllabique qui intervient nécessairement en chacun des signes d'une langue. Voulant exprimer un jugement sur son mauvais état de santé, le locuteur, du point de vue de la sélection, aurait à trouver le terme le plus adéquat, mais, du point de vue de la combinaison il aurait à le formuler conformément à un contexte phonologique défini. Le processus en cause dans la combinaison repose donc sur l'accomplissement exact des contiguïtés phonémiques prescrites par le code : c'est un processus d'encodage. Naturellement, ce processus intervient aussi dans la combinaison correcte des mots et groupes de mots, dans la construction de la phrase, et même, au-delà, dans le développement du discours. En termes de linguistique la filière — combinaison, contiguïté, encodage — s'inscrit sur l'autre axe fondamental du langage, c'est-à-dire l'axe syntagmatique. C'est sur cet axe que se situent les enchaînements des éléments qui, de proche en proche, entrent dans l'ordre du discours. Aussi, toute altération intervenant sur cet axe, produira diverses perturbations allant de la désintégration des vocables à la stéréotypie syntaxique mais qui auront toutes en commun le caractère de réduction ou d'incapacité à encoder.

33. Jakobson écrit : « La dichotomie fondée sur la perturbation de l'encodage et du décodage trouve son expression la plus typique dans les syndromes divergents bi-polaires, pourrait-on dire, des aphasies motrices et sensorielles. Dans l'aphasie motrice (efférente) le discours se réduit à des mots primaires, indépendants des

noms, des formes nominales des verbes, utilisés de manière holophrastique (l'adjectif désigne le mode d'expression dans lequel la phrase se réduit à un seul mot). Dans l'aphasie sensorielle, par contre, les outils du langage — connecteurs, articles, pronoms — servant à cimenter le contexte grammatical, restent intacts, mais on assiste simultanément à un appauvrissement de la variété des noms, une tendance à leur supplanter des substituts généralisés, des pronoms impersonnels (il, on, l'autre) et une incapacité à la production de synonymes et d'antonymes». Comme preuve particulièrement convaincante de la légitimité de sa première dichotomie l'auteur invoque l'observation suivante: chez les sujets affectés d'un trouble de la similarité les termes de la série — éditer, éditeur, édition, éditorial — sont mieux différenciés que les termes de la série — éditeur, auditeur, solliciteur. Cette variation s'expliquerait par le fait que les mots de la première série sont liés par contiguïté sémantique tandis que ceux de la seconde le sont par similarité; dans un trouble de la similarité les mots apparentés par des ressemblances purement formelles doivent être moins aisément distingués que les mots apparentés par le sens. L'argument est d'autant mieux fondé que l'on trouve la réaction inverse chez les sujets atteints d'un trouble de la combinaison; ceux-ci différencient mieux les mots de la seconde série que ceux de la première. En fait, dans le repérage sémantique tout se passe comme si les uns se guidaient sur les suffixes, les autres sur les racines.

34. La structure bipolaire du langage normal étant ainsi admise par référence aux deux axes syntagmatique et paradigmatique, l'analyse de Jakobson revient à dire que l'aphasie consiste en la rupture de cette structure et en l'annulation de l'une ou l'autre des deux modalités de

structuration. Ce qui peut se traduire encore par l'opposition d'un pôle métaphorique (l'ordre de la similarité) et d'un pôle métonymique (l'ordre de la contiguïté). Toutefois, comme cette opposition ne peut rendre compte à elle seule de la variété des formes d'aphasie, il est nécessaire de recourir aux deux autres dichotomies dont la fonction est, pour ainsi dire duelle. En effet, chacune permet de distinguer (voir plus haut) d'une part, en les opposant, deux nouvelles formes, d'autre part, de marquer par comparaison, les rapports entre l'une ou l'autre de ces deux formes et l'une ou l'autre de celles qui précèdent. En l'occurrence, Jakobson s'inspire d'une classification proposée antérieurement par Luria — qui, durant la seconde guerre mondiale a eu la possibilité d'étudier une grande variété de troubles du langage chez des milliers de combattants russes atteints de lésions cérébrales par blessures. Luria distinguait les six formes suivantes : une aphasie efférente ou cinétique (motrice en termes classiques) et une aphasie sensorielle (aphasie de Wernicke); une aphasie dynamique et une aphasie sémantique; une aphasie afférente et une aphasie amnésique. La seconde dichotomie de Jakobson s'applique, reprenant les mêmes dénominations, aux deux aphasies dynamique et sémantique, en tant que l'une ou l'autre peut être d'abord confrontée à l'une ou l'autre des deux précédentes. C'est au terme de cette confrontation dans le sens vertical que l'on pourra également les comparer l'une à l'autre dans le sens horizontal.

35. Pour qualifier cette seconde dichotomie Jakobson utilise les termes de limitation et de désintégration. Si l'on compare l'aphasie efférente ou motrice, déjà définie comme une perturbation de l'encodage sur l'axe syntagmatique du langage, à l'aphasie dynamique, on dira de

la première qu'elle représente une limitation maximale correspondant sous sa forme la plus brutale à un syndrome de désintégration verbale ou sous des formes plus atténuées à une désintégration de la syntaxe (types de formulation agrammatique; manifestations d'ataxie) tandis que la deuxième représente une limitation au sens propre, c'est-à-dire sans annulation sémantique ou syntaxique, mais touchant seulement l'ordre général de construction du discours, au-delà de la phrase. Les longs énoncés, le monologue sont compromis dans la mesure où l'encodage libre (non soumis à des règles explicites) qui contrôle le passage de phrase en phrase ne se fait plus de façon cohérente. C'est ce trouble que l'on peut nommer avec Luria: «Dissolution de la fonction régulatrice du discours». Celui-ci est hâché ou relâché, rompu, sans ligne directrice. Si l'on compare le discours à une gestalt dont la particularité est de s'accomplir dans le temps, les éléments linguistiques composant cette forme d'ensemble peuvent bien être présents en tant qu'unités sémantiques et groupes syntaxiques, mais aucun ordre général ne leur confère l'unité. La première caractéristique propre à l'aphasie dynamique est donc la limitation de l'initiative à l'intérieur du seul code syntaxique; l'enchaînement ou la subordination excessive à l'égard des régulations de la grammaire provoque un empêchement de l'expansivité verbale.

36.   Une seconde caractéristique de l'aphasie dynamique consiste en l'incapacité de passer d'un système de signes à un autre. Toujours en appliquant la dichotomie limitation-désintégration on peut également la confronter à l'aphasie motrice. Dans celle-ci l'incapacité existe sous une forme accentuée puisqu'elle joue à l'intérieur même du système verbal en désintégrant, à la limite, tout le

processus d'encodage. Même, lorsque de l'usage verbal on redescend à l'usage gestuel des difficultés analogues se rencontrent : les signaux de gesticulation et les mimiques sont peu spécifiés, stéréotypés, contradictoires même. Les hochements de tête, par exemple, affirmatifs ou négatifs, ne sont pas ordinairement mieux appropriés que les simples vocables Oui et Non. En fait, le code gesticulatoire le plus élémentaire ne fonctionne correctement que dans l'expression automatique mais non point dans l'expression intentionnelle. L'aphasie dynamique ne présente point de telles carences qui correspondent à la désintégration de l'opportunité de tout système de signes. Elle se limite aux difficultés de transfert du code verbal connu à des codes nouveaux qui réclameraient un nouvel apprentissage. Le sujet reste dans une situation d'enchaînement à l'égard du système familier; il ne peut intégrer d'autres systèmes, ni pratiquer un métalangage. Il est donc clair que ces deux formes d'aphasie se caractérisent par le trouble commun de l'encodage, mais à des niveaux différents. En termes psychologiques l'aphasie dynamique se définirait par la perte des initiatives symboliques de haut niveau ou par la neutralisation des stratégies mentales impliquées dans tout apprentissage représentatif. En termes jacksoniens on dirait aussi bien qu'il s'agit de la dissolution du moment volontaire au niveau supérieur des décisions sémiologiques.

37.   La même dichotomie s'applique à l'analyse comparée de l'aphasie sensorielle et de l'aphasie sémantique. La première a été définie comme une altération de l'axe paradigmatique du langage; la dissolution porte sur l'incapacité à prélever dans le lexique les signifiants adéquats auxquels sont substitués des termes généraux. L'aphasie sémantique est, à cette aphasie sensorielle,

dans le même rapport que l'aphasie dynamique par rapport à l'aphasie motrice. Elle doit être comprise comme une limitation des modes de composition de la phrase à la fois comme réceptacle d'éléments sémantiques appropriés et comme forme syntaxique. Le sujet prononce et comprend des phrases à structure élémentaire et d'orientation univoque où le nom remplit les fonctions simples de sujet ou de complément; mais il ne saisit point les groupements dans lesquels les fonctions ne sont plus d'appartenance ou d'attribution, mais, par exemple, de subordination ou de réciprocité. Confusion, par conséquent, entre classes et fonctions, entre grammaire et syntaxe; l'ordre des mots l'emporte sur les catégories morphologiques et la syntaxe sur la morphologie. Des expressions telles que «voici le père de mon frère» ou «voici le frère de mon père» sont, évidemment, moins aisément saisissable que «voici mon père et mon frère» ou «voici mon père et son frère» ou «voici mon oncle». Dans les langues à déclinaison la position des mots est plus déterminante pour le sens de la phrase que la fonction que la déclinaison leur assigne. Des relations d'implication telles que: «le triangle est sous le cercle» et «le cercle est au-dessus du triangle» restent également inaperçues. En règle, la dominance du sujet de la phrase sur l'objet direct est contraignante; la phrase «Le médecin visite le malade» est comprise (construction active), mais non la phrase «le malade est visité par le médecin (construction passive ou indirecte). La caractéristique propre de l'aphasie sémantique est donc le durcissement et l'appauvrissement de l'ordre de la phrase; la position des mots y est rigidifiée, comme uniformisée. En termes chomskiens il s'agirait d'une limitation des modèles de transformation.

38. Les deux sens applicables au mot limitation se déduisent des confrontations précédentes et permettent, du même coup, la comparaison directe (en ligne horizontale cette fois) des aphasies dynamique et sémantique. Dans le cas de l'aphasie dynamique le trouble en cause est déterminé par une limitation des actes d'encodage sous les espèces d'un emprisonnement à l'intérieur de la syntaxe — c'est-à-dire en deçà du discours. Dans le cas de l'aphasie sémantique il s'agit d'un appauvrissement dans la propriété des termes et, simultanément d'une rigidification des filières syntaxiques. Le discours peut fonctionner mais en une série de phrases stéréotypées dont le sens, en outre, peut être difficilement accessible à un tiers, compte tenu de l'emploi de vocables substantifs ou «passe-partout». En résumé, dans un cas, la limitation joue dans le sens d'un manque d'improvisation au niveau du discours, la syntaxe propre à la phrase conservant quelque souplesse; dans l'autre cas, la limitation joue dans le sens d'un manque d'improvisation au niveau de la variété grammaticale, les initiatives au niveau du discours restant possibles.

39. La troisième dichotomie s'applique au fonctionnement du langage en tant que celui-ci comporte une activité d'intégration soit d'éléments successifs (séquence) soit d'éléments simultanés (co-présence). Comme la précédente cette dichotomie vient se greffer sur l'opposition première de la contiguïté et de la similarité. Dans la filière de la contiguïté caractérisée par «la faculté de combiner et d'intégrer» on trouve, outre les deux aphasies efférente et dynamique, une aphasie dite afférente qui se distingue des deux précédentes par le fait que les troubles de la combinaison portent sur l'intégration d'éléments concurrents ou simultanés et non pas en succession. De

même, dans la filière de la similarité, outre les deux aphasies sensorielle et sémantique qui se caractérisent en l'occurrence par des perturbations dans les choix d'éléments concurrents, on trouve une aphasie amnésique dans laquelle est atteinte l'intégration d'éléments successifs, par défaut de conservation des traces auditives des mots (selon la définition qu'en donne Luria). Les deux aphasies déduites par l'intermédiaire de la troisième dichotomie ne relèvent donc pas de la même origine, ni ne peuvent être considérés comme deux degrés d'un même trouble. L'une s'inscrit sur l'axe syntagmatique, l'autre sur l'axe paradigmatique, et elles s'opposent par le trait qui leur est propre, l'une montrant une altération de la co-présence et l'autre une altération de la successivité. De plus, s'inspirant des observations de Luria, Jakobson assigne à ces deux formes comme aux quatre précédentes des localisations anatomiques assez précises. Pour l'essentiel, on peut distinguer une région cérébrale antérieure correspondant aux trois aphasies de l'encodage : frontale (pour la dynamique), fronto-temporale antérieure (pour l'efférente), centrale (pour l'afférente) et une région cérébrale centro-postérieure correspondant aux trois aphasies du décodage : centro-temporale (pour l'amnésique), postéro-temporale (pour la sensorielle), pariéto-occipitale (pour la sémantique).

40.   La classification de Jakobson est séduisante à plus d'un titre. Comme l'auteur s'y engageait elle fait l'économie dans ses principes dichotomiques de tout ingrédient d'ordre psychologique. Strictement linguistique, elle s'efforce de donner une version objectivée (construite par déduction, pour ainsi dire, du caractère bipolaire du langage) des distinctions anatomo-cliniques effectuées antérieurement. Les troubles du langage se-

raient théoriquement déductibles des traits constitutifs du langage normal tels qu'ils sont mis à jour par l'analyse linguistique. Mais la rigueur — ou la rigidité — des dichotomies utilisées, et, d'une certaine manière, leur simplisme catégorique ne vont point sans heurter le sens clinique et le sens psychologique, et, à travers le sens, la réalité des faits. On doit remarquer aussi qu'une telle classification, que Jakobson n'hésite pas à traduire en schéma, rappelle fâcheusement les diagrammes géométriques de l'aphasie, à une époque où le poids des «théories» — associationniste et cérébraliste — ne l'emportait que trop sur la variété des données cliniques. En fait, cette classification, en raison même de sa symétrie par couples antithétiques, est bien plus descriptive et énumérative qu'explicative et compréhensive. Plus précisément, selon une tendance qui se retrouve dans toute la pensée moderne, la démarche qui la constitue est imprégnée de spatialité : le langage se ramène à une «structure bipolaire»; il est un système construit sur des «axes»; les fonctions qui le caractérisent sont des fonctions de «contiguïté, d'opposition, de contraste», etc. Le langage se lit en quelque sorte «dans l'espace». Mais il ne s'agit nullement de l'espace mental du psychologue où sont impliqués des attitudes, des mouvements, une dynamique. Il s'agit de l'espace de référence, inerte, du géomètre. Tout se passe, dès lors, comme si, grâce à une terminologie spatialisée — et d'ailleurs pertinente dans son contexte — et à une démarche déductive qui résulte nécessairement de l'état d'esprit révélé par cette terminologie, la classification n'aboutissait, pour l'essentiel, qu'à formaliser l'opposition classique entre l'aphasie de Broca et l'aphasie sensorielle. Mais, ni le clinicien, ni le psychologue, ne peuvent ignorer que cette formalisation ingénieuse aboutit à un réductionnisme par assimilation, en soi fort discutable: car il n'est nullement fondé, par exemple, de traiter les stéréotypies, les compressions du langage et l'agrammatisme comme des degrés différents d'un même trouble (combinaison-encodage). Ces diverses spécifications ont leurs particularités qui doivent être non seulement énoncées et décrites, mais comprises.

CONCLUSION

1. Une conclusion n'est pas un résumé; mais elle peut comporter un résumé si l'on entend par là un court bilan de connaissances acquises. Elle peut se continuer par un examen de questions toujours en discussion et des divers points de vue qui s'affrontent dans la discussion. D'autant que ces points de vue, même généraux, peuvent éclairer d'autre manière les faits déjà connus. Ainsi sera-t-il procédé dans ces pages terminales. A propos de l'aphasie il est clair que les connaissances acquises s'appliquent aux particularités du fonctionnement cérébral et aux altérations et perturbations qui affectent le langage à la suite de lésions localisées dans une région déterminée. En l'occurrence, il s'agit de la description aussi précise que possible de l'ensemble des faits mis à jour dans l'observation anatomo-clinique et de certaines inférences, pratiquement certaines, que l'on peut faire, du point de vue psychologique, sur le comportement propre des sujets aphasiques rapporté à celui d'autres sujets, normaux ou atteints de troubles d'origine différente. Cette description et ces inférences paraissent relativement aisées, compte tenu de la constance des phénomènes observés et de la concordance existant, indépendamment des sujets particuliers, entre signes cliniques et bases lésionnelles, et, relativement difficiles, compte tenu de l'extrême variété des faits recueillis et de leurs modalités changeantes dans les prestations individuelles. A cet égard le problème posé est celui de la détermination de critères distinctifs; il s'agit de catégoriser les troubles dans leur spécificité, ce qui suppose des stratégies éclairées par des doctrines.

2. Dans aucune science, en effet, ni la description des phénomènes, ni même leur appréhension à l'observation directe, ne vont de soi. A peine ces démarches sont-elles entreprises qu'elles réclament, ne serait-ce qu'à titre présomptif, un ordre d'inspection et un ordre de démonstration, un code de déchiffrement et un projet d'organisation. Plus que d'autres, sans doute, les hommes de science ressentent cette exigence d'ordre, mais non point par exception — car le besoin d'ordre est une constante primordiale de l'esprit humain. Aussi, tout leur effort, dans l'acte de connaître, est-il de produire des taxinomies aussi pertinentes que possible. Chacun éprouve, d'emblée, que tout classement est supérieur au chaos, mais chacun apprend, à l'expérience, que tout classement à critère intrinsèque est supérieur à tout autre à critère extrinsèque. L'histoire même des recherches et doctrines sur l'aphasie témoigne de cet effort d'approfondissement et de centration. Depuis plus d'un siècle, nombre d'auteurs ont montré — avec des fortunes diverses — une égale propension à échafauder des schémas, des diagrammes, des classifications de l'ensemble des troubles observés ou présumés observables: au point même que telle aphasie, l'aphasie de conduction, a pu être déduite par l'un d'eux (Wernicke) de la seule considération du fonctionnement cérébral avant d'être réellement observée. La contrepartie de cette exigence n'est certes pas négligeable; on peut craindre toujours que l'ordre présumé ne se transforme en certitude doctrinale et que des critères hypothétiques descriptifs ne deviennent prescriptifs: ainsi, à propos de l'aphasie, du « dogme de la troisième circonvolution frontale », ou de la conjonction, proclamée par l'associationnisme triomphant, entre cartographie cérébrale et imagerie verbale.

3. Néanmoins, en dépit de ces risques dogmatiques, l'exigence de catégorisation est au fondement de toute connaissance. Entre ce que l'observation recueille — comme fait — et ce que la théorie définit — comme modèle dans la détermination du fait — il y a un lien nécessaire, non point rapport causal, mais principe constitutif. Comme pour tout phénomène complexe il faut dire de l'aphasie qu'elle ne se comprend et ne se classe dans ses manifestations que sur la base d'une théorie. Cette théorie doit s'appliquer évidemment au langage comme système d'opérations indépendantes, c'est-à-dire ayant des propriétés spécifiques — ce qui devrait fournir des critères intrinsèques, dans la perspective de la linguistique — mais, d'autre part, elle ne peut passer sous silence la question fondamentale des rapports du langage et de la pensée — ce qui devrait fournir des hypothèses générales d'ordre psychologique et psycholinguistique, dans une perspective ontogénétique. L'extrême difficulté de ces questions exclut, sans doute, tout espoir d'y apporter dans l'immédiat des réponses simples et convaincantes. Comme on l'a vu précédemment, la plus grande diversité d'opinions et d'interprétations règne sur le seul domaine de l'aphasie; a fortiori lorsqu'il s'agit de domaines plus étendus. Il serait donc imprudent de vouloir conclure. Mais l'on doit s'efforcer de fournir des éclaircissements par l'examen des thèses en présence et de leur signification. En dernière analyse, même s'il ne peut répondre de façon catégorique, aucun aphasiologue n'échappe à la question de savoir s'il y a, ou non, une unité de l'aphasie, et à la question de savoir si, dans sa genèse, l'ordre du langage dépend, ou non, d'une genèse antérieure plus large: celle des activités cognitives.

1. BILAN DE L'APHASIE

4. Sur ce qui caractérise globalement le sujet aphasique deux délimitations de fait peuvent être effectuées : l'une, psychopathologique, par rapport à la notion de démence, l'autre, psycholinguistique, par rapport à la notion de compétence. Si l'on entend par dément un individu dont l'activité psychique, perturbée dans son ensemble, produit un délire qui retentit sur son langage, le discours du dément peut être, évidemment, confronté à celui de l'aphasique. Matériellement, les analogies ne manquent pas; de part et d'autre les propos sont désordonnés, déformés, ou limités; mais ceux de l'aphasique ne sont point, au sens propre, incohérents, c'est-à-dire sans rapport intentionnel avec la situation et l'entourage. Au contraire, ceux du dément sont indépendants, sans intention de communication. Il s'agit de discours vides, sans message, non pas forcément dysphasiques, mais toujours dyslogiques. De même, si l'attitude de l'aphasique est le plus souvent anxieuse et douloureuse à l'égard des empêchements qu'il rencontre dans la réalisation de ses énoncés, l'attitude du dément est, au contraire, satisfaite, et même euphorique. La modification caractéristique de la démence porte, en fait, sur l'indifférence du sujet, à l'égard de son propre langage devenu arbitraire, ainsi que sur l'incapacité, à base d'inertie et de fermeture mentales, à tenir compte du langage d'autrui plutôt qu'à en saisir le sens — ce qui se voit bien dans l'inexécution des consignes, par refus ou par perte de la vigilance. On observe enfin une corrélation constante entre la vacuité du discours et le désordre du comportement général. Il ne s'agit donc point, comme chez l'aphasique, d'un rétrécissement sévère de la conduite par manque d'instruments,

mais d'obnubilation par affaiblissement direct de la sphère mentale.

5. Si l'on entend par incompétence le fait, pour un individu ayant accédé antérieurement à l'exercice du langage, d'avoir perdu ensuite jusqu'au sens de ses principes constitutifs, c'est-à-dire jusqu'à la structure initiale de la pensée sans laquelle il ne saurait y avoir de langage au sens humain, il est sûr que ce concept ne saurait s'appliquer à la caractérisation de l'aphasie. La formule de Humboldt définissant la « forme de langue » comme « un système invariable et constant de processus sous tendant l'acte mental qui élève des signaux articulés, structuralement organisés, à une expression de la pensée » renvoie à l'idée d'une « grammaire universelle », base de tout comportement linguistique. Dans l'aphasie cette grammaire est atteinte dans ses opérations, non point dans son principe; c'est ce qui ressort d'observations mentionnées au chapitre précédent; même dans des épreuves métalinguistiques il est bien établi que les aphasiques conservent leur capacité critique (contrôle des erreurs, jugements appréciatifs). Mais il reste qu'au niveau des réalisations — au niveau de la performance — l'aphasique est un infirme du langage; cette infirmité se traduit dans la dissymétrie d'utilisation des divers instruments linguistiques et, de ce fait, elle ne peut manquer d'avoir du retentissement sur le fonctionnement de la pensée — au moins dans l'exacte mesure où la pensée est verbalisée. Ainsi se retrouve et se justifie, sous réserve de précision, la formule classique selon laquelle l'aphasique « boitera toujours de son intelligence » puisqu'il boite du langage.

6. L'infirmité aphasique se spécifie à l'examen clinique pour donner lieu à une nomenclature et à des classi-

fications d'inspiration variable selon les auteurs, mais de contenus finalement voisins. Pour l'essentiel, on sait que l'on peut distinguer soit des infirmités localisées ne concernant, exceptionnellement, qu'une instrumentalité isolée, soit des infirmités complexes qui impliquent une détérioration étendue de la sphère du langage et qui peuvent s'interpréter selon leur dominance, tantôt en termes de limitation, tantôt en termes de désordre et de confusion. Mais, qu'il s'agisse de limitation ou de désordre, l'infirmité se reconnaît à une disjonction, non seulement des instrumentalités, mais aussi des modalités et usages du langage normal. Celui-ci comporte des aspects quasi-automatiques et des aspects ouvertement intentionnels. « Le propre du langage normal, écrit Alajouanine, est de pouvoir passer sans cesse de la phrase toute faite à la phrase élaborée, de la parole automatique à la parole volontaire ». Et de son côté, Chomsky écrit que « l'utilisation normale du langage n'est pas seulement novatrice et d'une étendue potentiellement infinie, elle est aussi libre de tout contrôle par des stimuli décelables, qu'ils soient externes ou internes. C'est grâce à cette liberté ... que le langage peut servir d'instrument de pensée et d'expression individuelle, comme il sert non seulement chez les gens exceptionnellement doués et talentueux, mais aussi, en fait, chez tout être humain normal ». Ni la limitation, ni l'exubérance confuse du discours aphasique ne répondent évidemment à ces critères. C'est dans son incapacité à se décentrer et à innover intentionnellement et adéquatement dans ses formulations verbales que l'aphasique montre son infirmité spécifique.

7. Cette infirmité a des bases cérébrales puisqu'elle résulte de lésions, le plus souvent vasculaires, atteignant une région particulière du cortex ou certaines formations

sous-corticales (corps striés). La notion de zone de langage, la délimitation d'un quadrilatère de l'aphasie, mises
en place par les auteurs classiques demeurent fondées
sous réserve de quelques précisions et corrections. La
zone du langage est centrée sur la région de Wernicke à
hauteur de la partie moyenne du lobe temporal en bordure de la scissure de Sylvins. Elle comporte plusieurs
pôles qui conditionnent les formes variées des troubles
sur un fonds commun d'insuffisance par limitation ou par
désordre. Le pôle moteur se situe dans la région antérieure du cortex, à la jonction des versants inférieurs des
circonvolutions frontale et pariétale, soit dans la partie
basse du sillon rolandique. Le pôle visuel se situe dans la
partie postérieure au niveau du pli courbe, tandis que le
pôle acoustique est centré dans la partie temporale
moyenne. Les aphasies directement liées à la perturbation des instrumentalités sensorielles et motrices ont une
localisation assez précise selon leur dominance. D'autres,
comme l'aphasie de conduction et l'aphasie amnésique
semblent liées à des lésions plus étendues; néanmoins les
troubles de cet ordre sont d'autant plus intenses et spécifiés que les lésions se trouvent centrées au niveau du pli
courbe et du gyrus supramarginalis avec prolongement
vers les premières temporales (pour l'aphasie de conduction) et au niveau de la partie postérieure de ces mêmes
temporales avec prolongement vers la région occipitale
(pour l'aphasie amnésique). Selon plusieurs auteurs, la
partie postérieure de la région de Wernicke, au carrefour
des lobes pariétal, temporal, occipital, jouerait en outre
un rôle essentiel dans les processus généraux sous-
tendant l'activité linguistique; les activités de synthèse,
d'ordination, de catégorisation s'y trouveraient impliquées, avec, peut-être, des afférences d'intégration au
niveau du thalamus.

8. On rappellera également que, exception faite de cas très rares d'aphasie croisée, la région du langage siège dans l'hémisphère gauche. Néanmoins, d'après des recherches récentes (Sperry, Gazzaniga), la participation de l'hémisphère droit n'est pas négligeable : si celui-ci ne peut « parler », ni « écrire », en revanche, il perçoit, comprend, et réalise correctement des consignes verbales entendues ou lues. Dans le cas particulier des sujets gauchers, la spécialisation hémisphérique est, certes, moins marquée ; pourtant, la relative dominance de l'hémisphère gauche est, statistiquement, prouvée. Il reste que les troubles, dans ce cas, sont plus diffus et les possibilités de récupération, par voie de suppléance, plus étendues. Ces possibilités de récupération se retrouvent également chez des sujets jeunes, et ce, d'autant plus aisément que l'atteinte a été précoce. Il est donc pratiquement certain que l'organisation fonctionnelle du cerveau pour le langage et la spécialisation croissante des commandes, dépendent à la fois de la dominance hémisphérique et d'une maturation où interviennent, outre des facteurs biologiques, des facteurs d'intégration, soit « innés », soit progressivement modelés dans l'apprentissage des comportements symboliques. C'est, évidemment, sur ce point que se rencontrent toutes les spéculations sur la capacité de l'espèce humaine à engendrer une langue, soit à l'aide de propriétés natives « essentiellement indépendantes de l'intelligence » (Chomsky), soit à l'aide de procédures particulièrement élaborées, mais dérivées, néanmoins, d'activités cognitives enclenchées antérieurement « dans l'action et dans des mécanismes sensori-moteurs plus profonds que le fait linguistique » (Piaget).

2. UNITE ET NATURE DE L'APHASIE
ACTIVITES COGNITIVES ET ACTIVITES LINGUISTIQUES

9. La Grammaire de Port Royal, au XVIIᵉ siècle, définit le langage comme l'activité «grâce à laquelle nous construisons à partir de vingt-cinq ou trente sons une infinité d'expressions qui, ne ressemblant nullement à ce qui se passe dans nos esprits, nous permettent pourtant de faire savoir aux autres le secret de ce que nous concevons et de toutes les différentes activités mentales que nous menons». On ne saurait marquer plus clairement la double particularité du langage au sens humain qui est, d'une part, de produire à l'aide d'un petit nombre d'éléments distincts une grande variété de mots et une infinité de propositions et, d'autre part, de rendre manifestes pour nous-mêmes et pour tout auditeur averti (compétent) tout le contenu et les intentions de notre pensée. La première de ces particularités relève directement de la linguistique comme science spécifique puisqu'il s'agit de rendre compte des opérations constitutives du langage — ce qui peut conduire à des jugements différents sur le problème de l'unité de l'aphasie. La seconde relève non seulement de la linguistique au sens large, mais aussi de la psychologie en général, puisqu'il s'agit de rendre compte des rapports du langage et de la pensée — ce qui implique, avec diverses nuances, une prise de position sur la nature de l'aphasie, soit comme trouble purewent linguistique, soit comme trouble étendu à la sphère sémiotique.

10. A cet égard, bien des tendances doctrinales s'affrontent. Certains auteurs que l'on peut rattacher à la tradition classique sous sa forme rationaliste et nativiste, font dépendre le langage d'un type spécifique d'organisa-

tion mentale, mais non pas de l'intelligence ou de la pensée en général. La formule de Humboldt, précédemment citée, répond à cette interprétation dont l'expression contemporaine la plus nette se trouve chez Chomsky. A cette conception innéiste s'opposent naturellement l'empirisme classique (Locke) et le behaviorisme en général pour lesquels le comportement verbal ne peut être qu'un comportement déterminé par des ligatures de conditionnement et d'apprentissage, même si — ce qui constitue un correctif important — le néo-behaviorisme de Skinner réserve la possibilité de réponses jamais utilisées auparavant et reçonnaît donc un dynamisme propre à chaque sujet parlant. Mais l'opposition la plus intéressante se marque dans la conception opératoire et constructiviste (Piaget) selon laquelle la capacité linguistique, loin d'être indépendante, dans ses fondements, de l'activité symbolique, est considérée, au contraire, comme un prolongement et un renforcement de celle-ci. Divers apports provenant en particulier de la psychologie génétique, de l'éthologie animale ou des sciences de la préhistoire humaine contribuent au renouvellement de ce débat.

11. Au sein de la linguistique deux conceptions déjà s'affrontent : celle de la linguistique structurale et celle de la linguistique générative et transformationnelle. Cet affrontement a pour conséquence de fournir, soit explicitement, soit par inférence, des réponses différentes sur la question de l'unité de l'aphasie. La linguistique structurale, à partir de Saussure, s'appuie sur l'idée que le système de la langue se compose d'unités linguistiques qui, en se combinant, produisent des unités plus complexes. Chaque unité se situe à un rang spécifique (phonème, morphème). La syntaxe est, de ce point de vue structural, un aspect relativement secondaire. « Si l'ordre

des mots, dit Saussure, est incontestablement une entité abstraite, il n'en est pas moins vrai qu'elle ne doit son existence qu'aux unités concrètes qui la contiennent et qui courent sur une seule dimension.» Dans ces conditions la production de la phrase est un processus de création relativement libre; ce n'est pas un problème de langue soumise à des règles, mais un problème de parole dépendant essentiellement des initiatives du sujet. Aussi bien, l'aphasie est-elle analysable, en termes de linguistique stricto sensu, comme la variété des dysfonctionnements qui s'appliquent à telle unité et à tel rang; elle est donc diverse dans ses modalités et celles-ci peuvent être classées. Toutefois, comme le langage normal est la synthèse intégrative des divers éléments et rangs, on peut estimer aussi qu'il y a une unité de l'aphasie, au moins dans la mesure où l'altération de telle modalité particulière compromet la fonction d'intégration. L'aphasie est donc interprétable à la fois en termes de diversité (plusieurs dysfonctionnements) et en termes d'unité (trouble commun de l'intégration).

12. C'est dans une perspective fort différente que se développe la linguistique générative et transformationnelle. Comme l'a vu précédemment celle-ci opère une distinction entre modèle de compétence et modèle de performance, cette distinction reposant sur les vues originales propres à Chomsky. Celui-ci écrit: «Si nous examinons le problème classique de la psychologie, celui de rendre compte de la connaissance humaine, nous ne pouvons pas éviter d'être frappé par l'énorme disparité entre connaissance et expérience — dans le cas du langage, entre la grammaire générative qui exprime la compétence d'origine du locuteur et les données maigres et dégénérées sur lesquelles il s'est construit cette grammaire». La

compétence se définit dans ces conditions comme un système abstrait qui sous-tend la performance et dont les lois constitutives concourent à déterminer «la forme et le sens intrinsèque d'un nombre potentiellement infini de phrases». En cela réside évidemment la différence essentielle d'avec la linguistique structurale. L'accent est mis sur le pouvoir d'engendrer la syntaxe à partir de règles, sur la grammaticalité. Ce pouvoir créatif est proprement humain; il existe en chaque individu comme un type spécifique d'organisation mentale et non pas comme l'accomplissement d'un degré élevé d'intelligence. La spécificité de cette organisation se reconnaît aux caractères constants qui la déterminent dans les langues les plus diverses, lesquelles «partagent un vaste ensemble de lois et de processus communs». Il faut donc conclure, et cette conclusion marque le passage du linguistique au psychologique qu'une telle convergence n'est possible que s'il existe une structure mentale innée qui rend possible l'acquisition du langage.

13. Une position si nettement définie implique que, même «dans les conditions de plus sévère déprivation» (pour reprendre une formule de Lenneberg) l'être humain reste capable de conserver ou de développer une compétence linguistique. La remarque de Lenneberg s'applique aux sourds-muets et anarthriques congénitaux, mais elle est, évidemment, généralisable aux sujets aphasiques. Ceux-ci présentent divers déficits de réalisation à différents niveaux, mais ces déficits ne concernent que la mise en œuvre de composantes linguistiques, non les règles, elles-mêmes, telles que phonologiques, sémantiques, syntaxiques, qui déterminent ces composantes. On ne peut donc conclure à une unité de l'aphasie au sens où il s'agirait d'une perturbation primaire et essentielle de la

fonction linguistique; ou bien, cette unité ne peut être entendue que négativement, c'est-à-dire comme une non-atteinte de la compétence quelles que soient, par ailleurs, la diversité et la sévérité de ses manifestations. La justification clinique de cette thèse se trouve évidemment dans le fait que, si certains obstacles de réalisation sont levés en cours de rééducation (réduction de troubles moteurs et praxiques d'élocution, amélioration de la « mémoire » des mots, atténuation des dysarthries) les malades récupèrent l'usage des règles de composition, de la grammaticalité, dont ils disposaient avant la maladie. D'autre part, puisqu'il est admis que seuls sont perturbés les facteurs divers de la performance en rapport avec les bases anatomiques des lésions, l'usage de la méthode neurophysiologique se trouve renforcé, pour ainsi dire, dans sa légitimité. C'est à cette méthode qu'il reviendrait, en effet, de saisir l'aphasie dans ses véritables caractéristiques, c'est-à-dire, comme l'ensemble des altérations « des mécanismes qui sous-tendent les organisations fonctionnelles dont dépendent les performances verbales : décodage des sons verbaux, encodage des unités phonématiques, organisation des unités morphématiques selon les règles syntaxiques » (Hécaen).

14. Cependant, d'un point de vue beaucoup plus général, et contrairement à « l'anti-psychologisme militant de la linguistique structurale » la conception de Chomsky est fortement marquée par des préoccupations psychologiques puisqu'elle renvoie à une réflexion sur la nature du langage par rapport à la pensée. La thèse soutenue est ouvertement innéiste; elle pose l'acquisition du langage comme l'expression de l'innéité d'un système abstrait d'opérations formelles dépendant de mécanismes neurophysiologiques ». Dans une théorie complète du langage il

faut donc réserver la place essentielle à une grammaire générative entendue comme «un système de plusieurs centaines de lois de types différents organisées selon certains principes d'ordre et d'applicabilité et contenant une sous-structure fixe qui, de la même façon que les principes généraux d'organisation est commune à toutes les langues». C'est dans ce sous-système de lois que l'on trouve le fondement, l'ossature de toute langue. Une position aussi catégorique implique le rejet de la thèse selon laquelle l'apprentissage de la langue supposerait l'existence de systèmes symboliques contrôlés par l'intelligence ou par toute activité cognitive prélinguistique. Aussi, plutôt que de s'attacher à la démonstration de tels systèmes et des propriétés qu'ils partageraient avec la langue — démonstration vaine selon Chomsky — les psychologues sont-ils invités à «découvrir le schéma inné qui caractérise la classe de langues potentielles (qui définit ''l'essence'' du langage humain)», et à «étudier dans le détail le caractère réel de la stimulation et de l'interaction organisme-environnement qui fait fonctionner les mécanismes cognitifs innés».

15.   Cette tâche a été entreprise effectivement par des psychologues et psycholinguistes inspirés de Chomsky, consacrant leurs observations aux capacités linguistiques d'enfants à la période sensible d'apprentissage de la langue, et s'efforçant de faire abstraction de toute inférence concernant les capacités cognitives ou symboliques. Ces auteurs ont bien souligné le fait qu'une langue n'est acquise normalement que sous réserve d'un «réflexe linguistique» ou «d'un dispositif d'acquisition du langage» (Mc Neill) ayant un caractère natif; de sorte que tout enfant doit avoir le sens de certains caractères universels de la langue avant de pouvoir mettre en pratique sa propre

première langue de façon «naturelle». C'est ainsi que, par exemple, le sens du nom en tant que nom, le sens de la structure syntaxique et de la position du mot dans cette structure selon sa propriété ou sa fonction, ne seraient point des catégories acquises ou dérivées de catégories cognitives plus larges et préexistantes; il s'agirait de manifestations d'une capacité strictement linguistique. Mais ces explications sont loin d'être convaincantes, car, d'une part, il n'est pas démontré clairement que ces «caractères universels» constituent une classe indépendante, spécifiée par des traits irréductibles, et d'autre part, on se trouve forcé d'admettre que bien des traits linguistiques fondamentaux — tels que la distinction du singulier et du pluriel, du masculin et du féminin, du moi et de l'autre, des indices topologiques ou des relations spatiales exprimées dans le langage par de multiples prépositions et adverbes — dépendent de contextes perceptifs, moteurs et cognitifs déjà présents dans la structure mentale de l'enfant, à titre d'expériences actives non-linguistiques et non pas sous la forme d'éléments linguistiques innés.

16. Aussi les conceptions opératoires et constructivistes telles qu'on les trouve exposées par Piaget et par ses disciples de l'école de Genève conservent-elles toute leur force. Pour l'essentiel, Piaget fonde sa thèse de la primauté des systèmes cognitifs sur le fait que la fonction symbolique est présente chez le jeune enfant avant que celui-ci n'ait acquis les rudiments de la langue; cette fonction se manifeste précocement dans les conduites d'imitation différée, dans les formes de jeu symbolique, dans les actes de «faire semblant» (thème que l'on retrouve de façon privilégiée chez un autre psychologue de l'enfant et du *Jeu de l'enfant*, Jean Château), plus généralement dans toutes les conduites qui sont accomplies

grâce à des ébauches anticipatrices, qui sont donc inté-
riorisées et qui gagnent ainsi, progressivement, le statut
de l'activité symbolique. C'est seulement sur cette base
que « l'acquisition du langage devient possible et que le
mot ou signe collectif permet d'évoquer les schèmes jusque là simplement pratiques ». Aussi bien « l'emploi des
signes verbaux n'est pleinement accessible à l'enfant
qu'en fonction des progrès de sa pensée même ». De
sorte que, durant une longue période ultérieure, la capacité proprement linguistique reste caractérisée par « sa
pauvreté foncière », car les opérations les plus déliées
impliquées dans l'exercice du langage (propriété des
termes, composition syntaxique de la phrase, organisation du discours) requièrent la maîtrise de capacités opératoires et d'opérations formelles que l'enfant n'atteint
guère qu'au seuil de l'adolescence.

17. Dans ces conditions, la distinction opérée par
Chomsky entre modèle de performance et modèle de
compétence paraît de peu d'utilité, sinon vaine et source
d'ambiguïtés. En effet, s'il est vrai que le langage est,
« en première ligne (pour reprendre une formule de Sapir)
l'actualisation vocale de la tendance à traiter symboliquement la réalité », et s'il est vrai, d'autre part que cette
actualisation se fait sur la base de l'imitation, il n'est nullement exclu que son usage réel, que l'emploi de certaines formules et tournures — en bref, la performance —
se trouvent, à certains moments, bien supérieurs aux capacités réelles du sujet — c'est-à-dire à sa compétence.
En fait, c'est l'intégration progressive des performances,
lorsque l'enfant en rapport avec le développement de ses
structures opératoires prend en charge son propre langage au lieu d'imiter des tournures toutes faites, qui favo-
rise et, pour ainsi dire, construit la compétence réelle du

sujet. C'est dans cette perspective que l'on peut parler légitimement d'une interaction des sphères linguistique et cognitive, comme il apparaît d'ailleurs dans les travaux qui prolongent et, dans une certaine mesure, élargissent les vues initiales de Piaget. Selon Sinclair de Zwart, par exemple, la possession de certaines expressions verbales n'est pas absolument nécessaire à la mise en place d'une opération; de même, leur absence ne détermine pas forcément un empêchement. En fait l'acquisition de ces expressions et leur emploi dans un sens fonctionnel se feraient selon « un processus semblable au mode de structuration de l'opération elle-même, à savoir par un jeu de décentrations et de coordinations... ». On est donc en droit d'estimer que l'acquisition du langage se comprend, pour l'essentiel, par référence aux modes de développement des systèmes cognitifs, étant entendu que l'appropriation progressive du langage ne peut que renforcer en retour, par une sorte de condensation symbolique, l'efficacité de ces opérations. Sur ce point, revenant à Piaget, on écrira que : « Entre le langage et la pensée il existe un cercle génétique tel que l'un des deux termes s'appuie nécessairement sur l'autre en une formation solidaire et en une perpétuelle action réciproque ».

18. Qu'il y ait interaction et interdépendance de l'activité cognitive et de l'activité linguistique, après la phase d'installation et de consolidation du langage, cela ne peut être sérieusement contesté dans aucune doctrine. Qu'il y ait d'autre part une primauté et une antériorité de la fonction symbolique par rapport au langage cela paraît également établi, au moins au sens où la fonction symbolique serait un activateur et comme un révélateur de signifiants permettant d'évoquer, de conserver, de structurer les signifiés de la pensée. Mais ces conclusions n'impliquent

pas, pour autant, le rejet d'une hypothèse large selon laquelle le langage aurait, spécifiquement chez l'être humain, des bases biologiques. L'activité verbale, dans ses conditions d'émergence, est sous la dépendance d'un groupe de développements anatomiques et fonctionnels qui présentent dans leur genèse la plus grande régularité. C'est par cet aspect que toutes les observations sur la naissance du langage peuvent être rapprochées des vues des éthologistes contemporains sur l'enclenchement de comportements spécifiques innés au cours de périodes «sensibles» parfois très brèves (périodes «critiques» ou périodes «d'imprégnation») de la vie des animaux. Dès avant la période d'acquisition effective du langage, et aussi durant cette période, connue pour la régularité de ses étapes, la maturation organique met en place les instruments de l'activité linguistique, et même, peut-on présumer, des modes «instinctifs» d'utilisation. C'est en ce sens que l'on peut parler «d'universaux linguistiques» déterminés par la structure même de l'organisme humain.

19. D'autres confirmations — il est vrai, par inférence — proviennent des observations de préhistoriens: ainsi des remarques de Leroi-Gourhan portant sur l'analogie probable entre l'activité technique (qui est une forme de cognition) et l'activité linguistique; l'une et l'autre étant déterminées, par ailleurs, par les modifications et remaniements de l'organisation cérébrale chez les ancêtres de l'homme, en particulier dans le sens d'un déverrouillage crânien et du développement consécutif du territoire préfrontal. L'activité technique suppose, en tant que gesticulation finalisée et ordonnée, une véritable syntaxe «qui donne aux séries opératoires à la fois leur fixité et leur souplesse... Si l'on poursuit le parallèle avec le langage, le même processus est toujours présent. On peut, par

conséquent, fonder sur la connaissance des techniques...
l'hypothèse d'un langage dont le degré de complexité et
la richesse des concepts soient sensiblement les mêmes
que pour les techniques». Toutefois, à cet égard, une importante distinction apparaît implicitement dans l'interprétation de Leroi-Gourhan par rapport aux thèses proprement nativistes de la linguistique générative. Chomsky
développe, en effet, comme on l'a vu, l'hypothèse d'une
théorie innée de la langue comme pouvoir d'engendrer
des propositions, donc de disposer d'une syntaxe.
Leroi-Gourhan souligne, au contraire, la richesse des
éléments constitutifs du langage — en tant qu'outils de
désignation — qu'il oppose au caractère sommaire de
leur articulation (du point de vue syntaxique). «On peut
se demander si, avec un vocabulaire technique très approprié les chasseurs de chevaux (du Paléolithique) ne
disposaient pas d'une syntaxe de niveau encore très élémentaire». Ne serait-ce donc point la fonction symbolique qui, se développant elle-même à un stade plus avancé
de l'évolution, aurait, tout en annexant ces formes verbales dénominatives, connotatives ou, simplement, signalé-
tiques, contribué à leur organisation sous la forme d'une
syntaxe maîtrisée?

*

Il n'y a pas de contradiction à penser que le langage est
dans la nature de l'homme comme un donné irréductible,
que l'homme est, par définition, le sujet qui parle. Mais il
est arbitraire de dire que la parole est d'emblée déterminée par un sous-système de lois spécifiques. Ce qui est
universel dans le comportement humain est le pouvoir
d'accomplir des détours en construisant des schèmes et

de faire que ces détours soient progressivement mieux ordonnés et plus abstraits, sous la forme de théories et de nouveaux systèmes de signalisation. Ce pouvoir de détour suppose lui-même une intériorisation de l'ordre des actions à accomplir, et c'est dans ce sens de l'ordre investissant les objets à manipuler et s'appropriant l'espace où s'exercent ces manipulations, que l'on doit voir la base de tout système symbolique : cognitif et linguistique. C'est aussi dans la prise en charge de ce sens de l'ordre, effectuée par chaque groupe humain, chaque société, chaque civilisation, sous l'influence de multiples facteurs de milieu, de développements techniques, de diversification des modes de production et des réponses de consommation, que l'on doit voir les occasions qui déterminent l'avènement et le développement extrêmement varié des langues particulières. Lorsque s'affrontent tant de conceptions sur la pensée et sur les rapports du langage et de la pensée, peut-être faut-il revenir en dernière analyse à une détermination des traits universels qui caractériseraient l'ordre en tout comportement humain. Et comme le sens de l'ordre est fortement corrélié au sens de l'espace — sous les espèces d'un espace mental — sans doute faut-il, pour répondre aux questions de l'unité et de la nature de l'aphasie, reprendre la voie déjà suivie par les auteurs qui ont marqué la solidarité existant entre les troubles du langage et les distorsions du sens de l'ordre et de l'espace. Wallon écrit : « C'est dans son intuition de l'espace (comme ordre virtuel) que l'homme paraît avoir réussi à faire coïncider l'image d'un milieu homogène, ordonné, et d'un champ offert à ses propres réalisations, à sa puissance d'expansion, à son pouvoir de transformer les choses ». Pour le psychologue — se plaçant sur son propre terrain et non plus sur ceux, par ailleurs nécessaires, de l'anatomie, de la neurophysiologie ou de la linguistique — n'est-ce pas, inversement, chez l'aphasique, l'impossibilité à maintenir cette puissance d'expansion (par une atteinte de sa volonté) et à instaurer une orgnisation en lui-même et dans l'espace (par une atteinte de son sens de l'ordre), qui est le trait commun spécifique de sa limitation ou de ses déviations dans cet ordre particulier et privilégié qui est celui du langage ?

BIBLIOGRAPHIE

AJURIAGUERRA J. et HECAEN H., *Le cortex cérébral,* Paris, Masson, éd. 1960.
Le problème de la dominance hémisphérique, *J. de Psychologie,* oct.-déc. 1956.
ALAJOUANINE Th., Réalisation artistique et aphasie, *Cahiers de la Pléiade,* Gallimard, 1949.
Pierre Marie et l'aphasie, *Rev. Neurol,* 1952, *96,* 6bis.
ALAJOUANINE Th., OMBREDANE A., et DURAND M., *Le syndrome de désintégration phonétique dans l'aphasie,* Paris, Masson, 1939.
ALAJOUANINE Th. et MOZZICONACCI P., *L'aphasie et la désintégration fonctionnelle du langage,* Paris, L'Expansion scientifique française, 1947.
ALAJOUANINE Th., SABOURAUD O. et RIBAUCOURT B. de, Le jargon des aphasiques, Désintégration anosognosique des valeurs sémantiques du langage, *J. de Psychologie,* 1952, *45,* 158-180 et 293-330.
ALAJOUANINE Th. et LHERMITTE F., Les composantes phonétiques et sémantiques de la jargonophasie, *Rev. Neurol.,* 1964, *110,* 5-20.
La désorganisation des activités expressives du langage dans l'aphasie, *Encéphale,* 1963, *52,* 5-45.
Essai d'introspection de l'aphasie (l'aphasie vue par les aphasiques), *Rev. Neurol.,* 1964, *110,* 609-621.
ALAJOUANINE Th., Sur l'état intellectuel des aphasiques, *Rev. du Praticien,* 1965, *17,* 2325-2332.
Remarques sur le langage normal suggérées par l'étude de l'aphasie, *Rev. Neurol.,* 1966-715.
L'aphasie et le langage pathologique, Paris, Baillère, 1968.

BAILLARGER J., *Recherches sur les maladies mentales*, Paris, Masson, T.I., 1890.

BAY E., Aphasia and non verbal disorders of language, *Brain*, 1962, *85*, 411-426.

Principles of classification and their influence on our concepts of aphasia, *Disorders of language*, Churchill, London, 1964, 122-139.

BENVENISTE E., Catégories de pensée et catégories de langue, *Les Et. Philos.*, 1958, *4*, 419-429.

Problèmes de linguistique générale, Paris, N.R.F., 1966.

BERGSON H., *Matière et mémoire*, Paris, Alcan, 1896.

BINET A., *L'étude expérimentale de l'intelligence*, Paris, 1903.

BRESSON F., Le langage, *in Traité de Psychologie Expérimentale* (Fraisse-Piaget), t. VIII, Paris, P.U.F., 1965, pp. 1-92.

BROCA P., Perte de la parole, Ramollissement chronique et destruction partielle du lobe antérieur gauche du cerveau, *Bulletin de la Soc. d'anthropologie*, T. II, 1861, p. 219 sq.

CASSIRER E., *La philosophie des formes symboliques, t. 1. Le Langage*, Paris, Editions de Minuit, 1972.

CHOMSKY N., *Syntactic structures,* Mouton, ed. La Haye, 1957.

Le langage et la pensée, Payot, Paris, n° 148, 1968.

De quelques constantes de la théorie du langage, *Diogène, 51*, Paris, Gallimard, 1965.

COHEN D., DUBOIS J., (divers), Aspects du fonctionnement du code linguistique chez les aphasiques moteurs. *Neuropsychologia*, 1963, *1*, 165-177.

COHEN D., GAUTHIER M., Aspects linguistiques de l'aphasie, *L'Homme, Rev. franç. d'anthropologie*, av.-juin 65.

DUBOIS J., HECAEN H. et divers, Etude neurolinguistique de l'aphasie de conduction, *Neuropsychologia, 1964, 11*, 9-44.

DURIEU C., *La rééducation des aphasiques*, Bruxelles, Dessart, 1969.

FOIX Ch., Aphasies, *In Nouveau traité de Médecine*, R. Widal, Tessier, t. XVIII, Masson, 1928.

GELB A., Remarques générales sur l'utilisation des données pathologiques pour la psychologie et la philosophie du langage. *J. de Psycho. Norm. et Pathol.*, 1933, *30*, 430-496.

GLEASON H.A., *Introduction à la linguistique*, Paris, Larousse, 1969, trad. Dubois-Charlier.

GOLDSTEIN K., L'analyse de l'aphasie et l'étude de l'essence du langage, *J. de Psychol. Nor. et Pathol,* 1933, *30*, 430-496.

Language and language disturbances, Grune and Stratton, New York, 1948.

La structure de l'organisme, Paris, N.R.F. Gallimard, 1951.

GOODGLASS H. et MAYER J., Agrammatism in aphasia, *J. Speech Hear Dis.,* 1958, *23*, 99-111.

HEAD H., *Aphasia and Kindred disorders of speech*, 2 vol., Cambridge, Univ. Press, London, 1926.

HECAEN H. et ANGELERGUES R., Etude anatomo-clinique de 280 cas de lésions rétrorolandiques unilatérales des hémisphères cérébraux, *Encéphale*, *6*, 533-562.
Pathologie du langage, Paris, Larousse, 1965.
HECAEN H. et DUBOIS J., *La naissance de la neuro-psychologie du langage* (Textes et documents), Paris, Flammarion, 1969.
HOWES D.H., Application of the word, frequency concept to aphasia, *Disorders of language*, 47-48, A CIBA Fundation Symposium, Churchill, éd. London, 1964.
JACKSON H., *Selected Writings*, T. II, London, Hodder and Stoughton, 1931.
JAKOBSON R. et HALLE M., *Fundamentals of language*, Mouton, La Haye, 1956.
LENNEBERG E.H., *Biological Foundations of language*, New York, Wiley, 1966.
LEROI-GOURHAN A., *Le geste et la parole*, 2 vol., Paris, Albin Michel, 1964-65.
LHERMITTE F., Sémiologie de l'aphasie, *Rev. Praticien*, 1965, 15, 2255-2295.
LHERMITTE P. et GAUTHIER J.C., Corrélations anatomo-cliniques dans l'aphasie, *Rev. Praticien*, 1965, *15*, 2309-2325.
LURIA A.R., Factors and Formes of aphasia, In *disorders of language*, pp. 143-161, Churchill, London, 1964.
MARIE P., La troisième circonvolution frontale gauche ne joue aucun rôle spécial dans la fonction du langage, *Sem. médic. Fr.*, 1906, vol. XXVI, *48*, 565.
Travaux et mémoires, t. I, Masson, Paris, 1926, *1*, 181.
MARTINET A., *Eléments de linguistique générale*, Paris, Colin, 1961.
McNEILL D., *The acquisition of language*, New York, Harper Row, 1970.
MILLER G.A., *Langage et communications*, Paris, P.U.F., 1956.
OLERON P., *Langage et développement mental*, Bruxelles, Dessart, 1972.
OMBREDANE A., *L'aphasie et l'élaboration de la pensée explicite*, Paris, P.U.F., 1951.
PAULUS J., *La fonction symbolique et le langage*, Bruxelles, Dessart, 1969.
PENFIELD W. et ROBERTS L., *Langage et mécanismes cérébraux*, (tra. J.C. Gauthier), Paris, P.U.F., 1963.
PIAGET J., *La formation du symbole chez l'enfant*, Neuchâtel, Delachaux et Niestlé, 1945.
PICK A., *Die agrammatischen Sprachstörungen*, Berlin, 1913.
PITRES A., *L'aphasie amnésique et ses variétés cliniques*, Paris, Alcan, 1898.
RICHELLE M., *L'acquisition du langage*, Bruxelles, Dessart, 1971.
RUWET N., *Introduction à la grammaire générative*, Paris, Plon, 1967.

SABOURAUD O., GAGNEPAIN J. et SAB A., Vers une approche linguistique de l'aphasie, *Rev. Neuropsychiat. de l'Ouest, 1,* 6-13; *2,* 3-38; *3,* 3-38; *4,* 3-20.

Aphasie et linguistique, *Rev. du pratic.*, 1965, *15,* 2335-2345.

SAPIR E., *Le langage,* Paris, Payot, n° 104, 1964.

SAUSSURE F. de, *Cours de linguistique générale,* Paris, Payot, 1949.

SINCLAIR de ZWART H., *Acquisition du langage et développement de la pensée,* Paris, Dunod, 1973.

SKINNER B.F., *Verbal behavior,* New York Appleton, 1957.

TISSOT R., *Neuropsychopathologie de l'aphasie,* Masson, 1966.

TISSOT R., LHERMITTE F. et DUCARNE Bl., Etat intellectuel des aphasiques, *Encéphale,* 1963, *52,* 285-320.

TISSOT R., MOUNIN G. et LHERMITTE F., *L'agrammatisme,* Bruxelles, Dessart, 1975.

WALLON H., *De l'acte à la pensée,* Paris, Flammarion, 1942.

WEISENBURG T. et MAC BRIDE K., *Aphasia, a clinical and psychological study,* Oxford, Univ. Press. London, 1935, New York, Hafner, 1964.

WOERKOM W. Van, La signification de certains éléments de l'intelligence dans la genèse des troubles aphasiques, *J. de Psychol, norm. et pathol., 18,* 1921.

Sur l'état psychique des aphasiques. *Encéphale,* 1925, *18,* 286-304.

ZANGWILL O.L., Intelligence in aphasia, *Disorders of language,* pp. 261-273, Churchill London, 1964.

ZIPF G.K., The meaning, frequency relationship of words, *J. Gen. Psychol.,* 1945, *33,* 251-256.

TABLE DES MATIERES

PSYCHOLOGIE ET SCIENCES HUMAINES

collection publiée sous la direction de MARC RICHELLE